JN115461

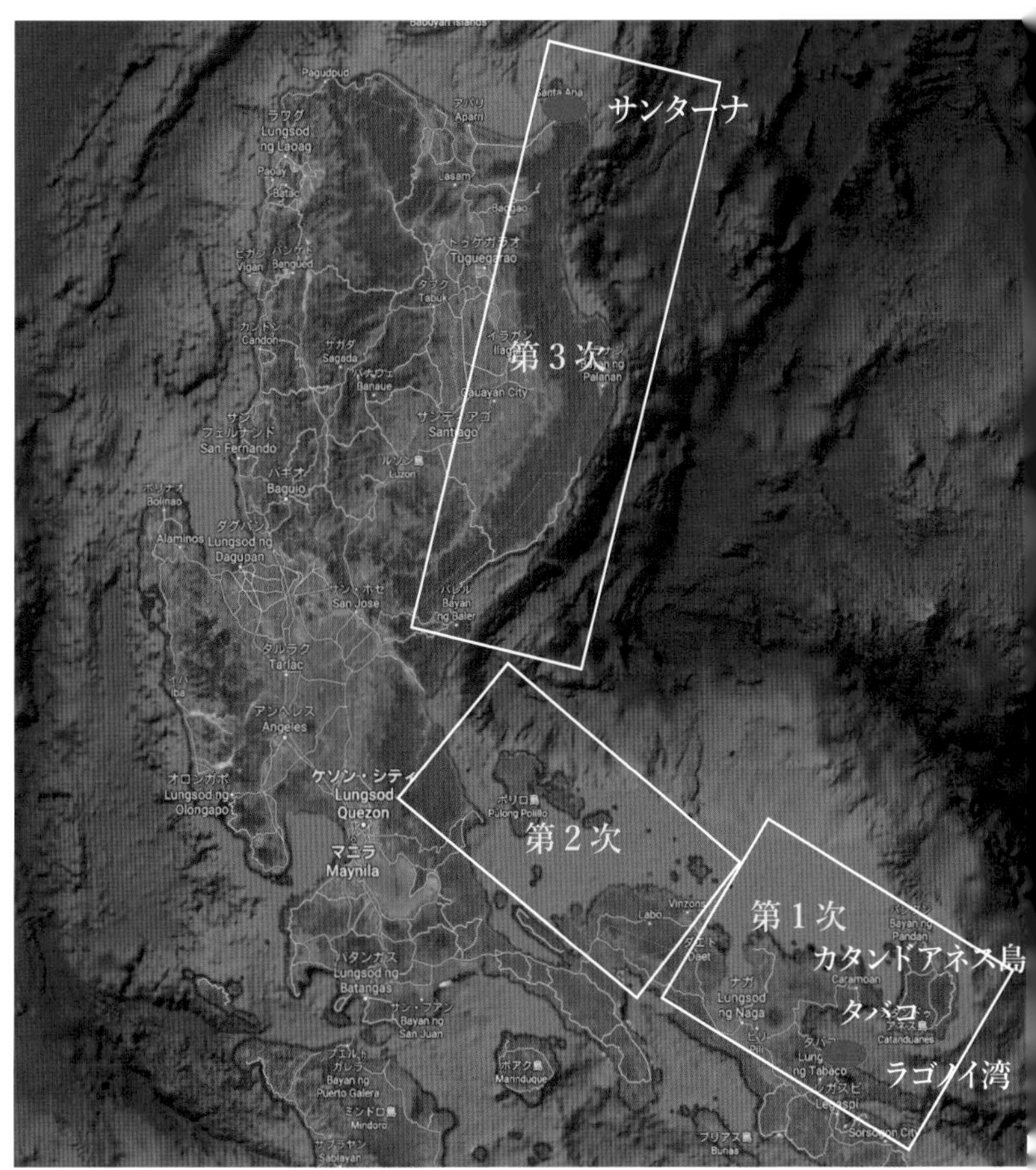

口絵１　ルソン島東岸を東南端近くから北東端まで３回に分けて漕破

口絵２：サンミゲル島のクヨッグの群れ

口絵３：パナナオガン出発直後、太平洋の朝日を浴びて（運天撮影）

口絵４：ソボックの浜にバンカ

口絵５：サムール島上陸　（八幡撮影）

口絵６：ホマリッグ島の虹（運天撮影）

口絵７：マイボボンの月光（八幡撮影）

口絵８：バレルの市場

口絵９：サンイルデフォンソ半島南端を望む

口絵10：ディグマセッド北方の工事現場

口絵11：パラナンの漁師親子

口絵13：ボロスポイントを飛行機から望む

口絵12：シェラマドレ脊梁山脈遠景

口絵15：ボロスポイントの夕暮

口絵14：暮れなずむボロスポイント

口絵17：サンターナ到着

口絵16：バシー海峡に浮かぶバタン島

黒潮源流シーカヤック遍路旅

八幡暁、かくのたまふ

山岡耕作

南方新社

はじめに

黒潮と聞いて、日本人は何をイメージするのだろうか。今時の若者なら、まずは決まり文句の様に、最初に「とりあえず」を付けて、

「とりあえず、ヤシの実？　カツオのたたき？　サンゴ礁？　くらいかな」

この様に我々の黒潮に対して持っているイメージは、実に曖昧なものだ。

翻って、世界二大暖流の一つである黒潮と日本の関係は、本当のところはどうなのか？　一般的には、日本近海では幅が百キロ、毎秒五千万トンもの水塊が流れる大河、流量が四万十川の三十万本分、最大流速が時速約八キロの流れであり、栄養分が少なく、透明度が高いため、海水の色は青黒色で、南方から多量の熱を運び、日本の太平洋岸に温暖多湿な気候をもたらす等々、と説明されてきた。しかし、「海の国」日本に住む我々は、それをどれほど実感しているのだろうか？

我々日本人は足元にある自然の「恵み」や「厳しさ」を理解せずして、この小さな列島の上で、今後とも幸せに生きていけるのだろうか？

幸せに生きるということと関連して、最近地震等の防災面から、太平洋プレート、フィリピン海プレート、ユーラシアプレート、北米プレートの地殻的に不安定な境界部に、日本列島が乗っ

ていることが注目されている。

この様な日本列島の置かれた地理的な「悲運」は、海という側面からみると、正反対にこの上ない「幸運」となる。

何故か？　それは二つの海流が、南と北から日本列島沿岸に流れ込むためだ。南からは黒潮、北からは親潮。黒潮は赤道近くの暖かさと湿り気を運んで来る。親潮は、アムール川から海に流れ込むアジア大陸東部由来の栄養分を運んで来る。まさに地球規模での、森里海のダイナミックな連環そのものだ。この二つの海流が宮城県金華山沖で出会い、その周辺に世界三大漁場の一つが形成される。

世界三大漁場については小学校の「社会」で習ったので、ご存知の方も多いはず。ただ私の経験から、小学生の感覚としては、知識としては知っていても、海であればどこでも、そこに棲む魚の量は変わらないのでは、程度に思ってしまいがちだ。そうではない。日本列島の地球上での位置は、漁業生産という面からみて奇跡的な位置にあることを、海の国に暮らす人間として、もっとしっかりと理解した方が良い。

黒潮が我々にもたらす恵みについて、日本列島に住む人々に、もう少し実感を持って分かってもらうには、どうすればよいのだろうか。そのためには、まず黒潮とは一体どんな存在で、一体どんな特徴があるのかを理解する必要がある。

日本は黒潮下流域にあり、人文社会科学、自然科学両面からそれなりに研究されてきたはずだ。しかし自然と人の、黒潮をめぐる関係という意味からは、下流域の我が国のことだけが分かれば良い、というものではない。

　黒潮源流域から下流域まで、両者の関係は切れ目なく続くはずであり、それら全体を探る必要がある。そこから得られる情報や知見があってはじめて、各々の地域に固有な資源を十分に利用しながら、幸せに生きていく術を考えることができる。現代日本に生きる我々が感じる、将来に対する漠とした閉塞感が何に起因するのか。年間自殺者数が二、三万人に達する決して幸せな状況といえない社会や価値観を、さらには幸せの原点を、もう一度見直すことに繋がるはずだから。

黒潮源流シーカヤック遍路旅―八幡暁、かくのたまふ――もくじ

第二章　第一次遠征　49

第三章 第二次遠征に向けて 125

黒潮源流シーカヤック遍路旅―八幡暁、かくのたまふ―

第一章　なぜ黒潮源流域へ？

1　黒潮三兄弟

黒潮源流域とは一体どこなのか。太平洋の北半球では、赤道の少し北側に、東から西へと流れる北赤道海流がみられる。その北赤道海流がルソン島南東部にぶつかるとそこで二つに分岐し、北に向かう流れが黒潮（図１）、南に向かう流れがミンダナオ海流となる。

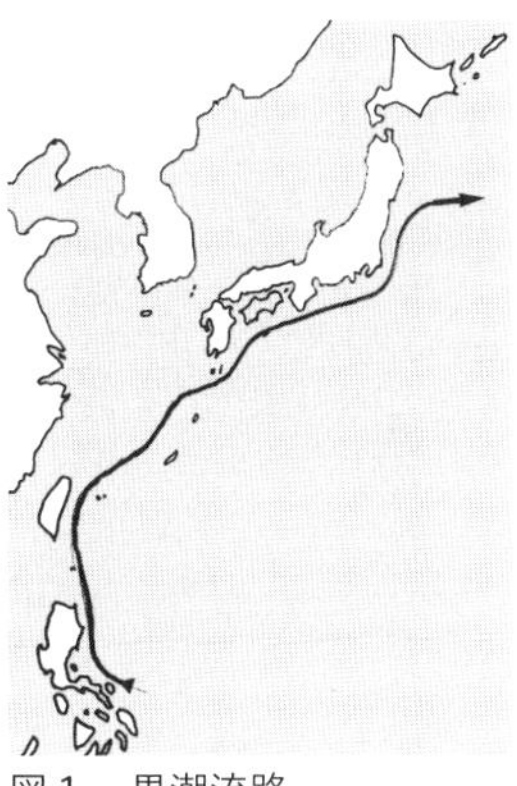

図１　黒潮流路

フィリピン・ビコール大学の友人の話では、北赤道海流の流軸は年により多少南北に移動するが、通常はルソン島南東部ビコール州アルバイ県ラゴノイ湾の入り口よりも北側にぶつかる。そこにはカタンドアネス島が位置する（口絵1）。従って、黒潮をめぐる自然と人の関係を知るには、カタンドアネス島以北の情報を得る必要があろう。

まずはフィリピン人研究者から情報を集めてみよう。

「ルソン島東海岸の、黒潮と沿岸部に暮らす人々との関係についての情報があったら、教えてもらえませんか？」

それに対して、親しい大学の研究者達からは、

「全くありません」

とか、

「新人民軍がおり、あちらには行かない方がよい。行くなら日帰りにしなさい」

さらに、ある水産海洋研究組織の責任ある立場の方からは、

「その様な情報は皆無です。道もないところが多く、調査地に行くことができません。そもそも黒潮とは何ですか？」

「Kuroshio は世界二大暖流の一つであり、日本列島の温暖湿潤な気候はその影響によるものです。漁業面でもカツオをはじめとする恵みをもたらします。その意味で Kuroshio は日本にとって大変重要な海流です。フィリピン、日本、台湾は黒潮三兄弟なのですよ」

この様に、黒潮の存在は黒潮源流域のフィリピンでも海洋学や水産学関係者の一部以外では、ほとんど知られていない。黒潮と人の関係を総合的に考えるためには、源流域の情報が不可欠だが、全くゼロとのことだ。

それでは自分たちで調査する必要がある。しかし、特にルソン島東北部沿岸には、海抜千五百メートル級のシェラマドレ脊梁山脈が縦走し、道はなく陸路で行くことはできない。ボートをチャーターすれば可能かもしれないが、フィリピンの零細な漁村には、日本のどこの漁村にもある様な漁港は存在しない。さらに、零細漁村には、ボートに自由に補給できる燃料の備蓄もない。これらのことを考慮し、現実的には不可能と考えていた。

2　八幡暁との出会い

その考えは、一人の冒険家の存在を知ることにより雲散霧消した。

今から十年程前、私は石垣島にある国立研究開発法人水産研究教育機構、当時の水産庁西海区水産研究所石垣支所を、藻類食魚で磯やけを起こす「悪役」として有名なアイゴ科魚類稚魚の、耳石日周輪に関する共同研究のために訪問していた。

石垣市の人工島へ渡る橋のたもとにある「先島ビジネスホテル」一階ロビーで朝食をとりながら、地元紙「八重山毎日新聞」に目を通していると、石垣島在住の海洋冒険家についてのベタ記事に目がとまった。

その冒険家の名は八幡暁（ヤハタ　サトル）（図2）。

フィリピン・ルソン島北部の北イロコス県からバブヤン諸島、バタネス諸島、台湾を経て石垣島まで、シーカヤックにより単独で渡った経験を持ち、オーストラリアから東京までの約一万キロを、伴走船なし、単独で漕ぎ切る「Great Seaman Project」を主宰する昭和四十九年東京生まれの三十五歳（当時）だ。生業として、シーカヤックとシュノーケリングによる、八重山諸島周辺でのツアーガイドをしている。

フィリピンと台湾の間には、荒れる海として有名なバシー海峡のほか、バブヤン海峡、バリンタン海峡があり、それまで誰一人海峡横断をしたことのない、否、計画さえしたことのない世界的な難所の一つである。

何故難所なのか。それは大きな海である太平洋と南シナ海の海水が、それら狭い海峡を通って動くことと、そこに世界の二大暖流の一つである黒潮が時速八キロ前後で流れ込み、複雑でダイナミックな海の動きを作り出しているからだ。

図２　八幡暁

荒れる広い海で周りを見回しても誰もいないし、波また波の状況。この孤独感を皆さんは想像できるだろうか。私の様な恐がりは、岸がすぐ近くに見えていても、波や風が出始めるとすぐにでもその状況から逃げ出し、陸に上がってしまいたくなる。そんな小心者の私には、八幡は命知らずの強者に思えた。

この本の主題の一つは、そのような小心者の熟年大学教員と、親子程年齢の離れた海洋冒険家との凸凹人間関係でもある。

この新聞記事に出会うまで、シーカヤックというのは、夏場に海岸近くの海で楽しむ、レジャースポーツグッズの一つとしか思っていなかった。従って、そんな島渡りの様なことが出来るのかと驚くと同時に、ある考えが頭に浮かんだ。

「人力のシーカヤックを用いたら、燃油の補給がなくても、道のないルソン島東岸の漁村を訪問できるのとちゃうかな。ただ、素人では無理やろし、実施できるかどうかは、八幡さんの意向次第やな」

出張から高知に帰ると、すぐに八幡にメールを送った。

「私は高知大学大学院黒潮圏海洋科学研究科に勤務する六十歳の男性教員で、シーカヤックの経験は全くありません。フィリピン黒潮源流域の零細漁業者の生活について関心があります。そのためにシーカヤックで訪問したいのです。そんな私でも行けるでしょうか？」

それに対する返信は、

「練習すれば、誰でも可能です。一緒にやりましょうか」

八幡もプロの冒険家であり、報酬や経費関係の話になるかと思いきや、いとも簡単に協力してもらえることとなった。

3　運天陵

次に考えたことは、

「こんな機会は二度とあらへんやろし、誰か学生で関心のあるやつがいたら、一緒に連れて行ったろかいな。そいつにとっても貴重な経験になるはずやし」

そこで、農学部栽培漁業学科三年生対象の「魚類生態学」の授業の終了時に、まずはシーカヤックに関心があるかどうかを、三十名程の受講生全員に尋ねてみた。そうしたところ、授業では常に遅刻しながら最前列に座る、ちょっと変わった学生が挙手した。

私のか細い神経からは到底理解できない行動、遅刻しながら堂々と悪びれず最前列に座って受講する「無神経」な学生こそ、黒潮源流域調査に同行し、将来はサバニの舟大工になるという夢を持っていた運天陵だ（図3）。

図3　運天陵

この図太い神経はどこから来るのか。それも講義中の教室の横まで、うるさいエンジン音とともにオフロードバイクで乗り付けての所業だ。私なら、もし受講したい授業の場合、遅刻はしない。あまり乗り気でない授業でも通常遅刻はしないが、もし遅刻した場合には、後の入り口から静かに目立たずに教室に入り、最後列に座る。私だけでなく、普通はこのパターンなのではないか。

なぜ注意しないのか、という方もおられるだろう。遅刻した上に、うるさく入ってくる学生には当然注意するが、堂々と最前列に座る彼には、どこか憎めない愛嬌があったのだろう。

彼は沖縄県宜野湾市普天間の出身。私は彼を紹介する時「運を天に任す運天陵」と言うことにしている。人生の極意を表現したすばらしい名前だ。運天という姓から、その祖先は琉球王朝時代に、大陸との交易港として発達した本部半島付け根にある運天港と関係があるのだろう、と勝手に想像している。すなわち、彼の体内には今も、東シナ海から南シナ海を漕ぎ回った海人「ウミンチュ」の血が、脈々と流れているにちがいない。

彼がウミンチュの末裔であることは、大学院二回生の夏休みに明確に示された。

彼が珍しく研究室に顔を出し、

「夏休みに帰省したいと思います」

「いいんじゃないの。それで飛行機のチケットはとれたの？」

「飛行機では帰りません」

「それじゃどうして帰るの？」

「カヤックで帰ります」

「えっ！　カヤック？　親には話したの？」

「話しました。母親は、本気なの？って言ってました」

これまでに、沖縄島から九州にカヤックで渡った経験のある人は、冒険家も含めて5人以上いるとされる。しかし、有史以来誰一人として、単独で九州から沖縄島に漕いで渡った人類はいない。実際はそんなことは全くないが、イメージとして黒潮に逆らうことになり、困難が予想され怖じ気づくからだ。途中、台風の影響で宝島にて閉じ込められることはあったが、伊能忠敬の

「天下の絶景ポイント」鹿児島県南九州市頴娃町番所鼻から出発し、薩摩硫黄島、口永良部島、トカラ列島、奄美諸島を経て、見事故郷沖縄県宜野湾市まで無事帰り着いた。

4 Great Seaman Project への道

フィリピン黒潮源流域調査の話が八幡と一度も面会せずに進むため、直接会って相談することの必要性を感じていた。そこで石垣島に行き、石垣市白保にあった彼の自宅を訪問した。この時、玄関の引き戸を開けた瞬間の八幡の、少し戸惑ったようでもあり、不機嫌そうにもとれる表情を今でもはっきり思い出す。その表情の意味するところは、彼の言によると以下の様なものだ。

「だって、髪の毛の白い爺さんが立ってんだから。そんな年寄りだとは聞いてなかったよ！」

私としては、最初のメールを送った際に、

「私は六十歳の男性です」

という情報をはっきりと書き込んだつもりだったが、彼がメールを確認したところ、年齢に関する文言は書かれてなかったとのこと。しかし、彼としても「だれでも可能です」と言った手前、

「あなたは歳をとりすぎているから無理です」

とは断れない苦しい立場であった。

しかしこの年齢の件は、次に述べる点からすると、極めて軽い。ほんのご愛嬌程度のものだ。八幡のプロとしての立場からすると、私の様な全くの素人を未知の海に連れて行くことは、大きなリスクを伴うものであり、簡単に断ることもできたはずだ。それにプロとしてお金にならない。それにもかかわらず、なぜいとも簡単に調査に同意したのか？　そこには彼の経験から来る深い思慮があった。少し長くなるが、そこに至る道のりを以下に書き留める。

八幡は小さな頃から、野外で身体を動かすことが大好きな少年だった。中学時代は野球に熱中しエースで四番、高校に入るとアメリカンフットボール部に入り、花形ポジションのクオーターバック。大学進学の際には、当時大学最強レベルであった立命館大学からも誘いを受けた。実際には専修大学に進学しアメラグ部に入ったが、すぐにヘッドコーチと衝突し退部、生きる張り合いを失った。

そんな時に彼の目に飛び込んで来たのが、ある新聞の記事だ。そこには、八丈島で銛一本で生きる素潜り漁師のことが書かれていた。彼には銛一本で生きていくことが大変新鮮に映り、早速八丈島に行き、当の漁師に弟子入り志願したが入門拒否、そして「帰れ！」の一言。

それでも彼はめげずに漁港の片隅にテントを張り、それまでやったことのない素潜りで、魚獲りを勝手に始めた。そうこうする内に他の素潜り漁師と懇意になり、色々と教えてもらい魚が獲れる様になる。最初は潜水時間三十秒程だったが、一月くらい潜り続けていると、三分程息が続く様になった。そこで彼は思い立った。海中で目にする魚は全て突いて獲ると。

そこで分かったことが一つあった。街の魚屋さんやスーパーで売られていない魚でも、獲って食べると大変美味いということ。その頃から、潜れる海さえあれば生きていける、と強く思う様になる。そうなると、退屈で弛緩し、生きているのか死んでいるのかも分からない大学生活よりも、自然の中で生きている喜びを実感しながら魚を獲り、それを食べていく方に心が移るのは至極当然だ。

「大学に通っている場合ではない！」

岩陰に隠れたハタ類やイットウダイ類等の魚を突き、獲物をぶら下げながら、島から島へと海面をシュノーケリングで移動していた。そんなある日、知り合いからシーカヤックという乗り物の存在を教えられる。潜水地点から別の地点に移動するのに、シュノーケリングとシーカヤックを比較すると、後者が速度、運搬力ともに秀でている。八幡とシーカヤックの出会いは、この様に素潜り漁の移動手段としてであった。

そんな生活を続けていくうちに、彼の関心は魚を獲ること自体から、漁業を生業とする人々がどのように暮らしているのかに移っていく。海という大自然の中で、そこに暮らす人々が、それぞれが置かれた環境にどのように適応しながら生きているのか？　それはまさに、そこに生きる人々の生存のための叡智の蓄積、および醸成の長い歴史の帰結なのだ。考えることが好きな八幡が、その面白さの虜になるのにそれほど時間はかからなかった。その頃、彼も大学四年になり、ゼミの仲間は就活で忙しかったが、彼の本音は、

「就職している場合ではない！」

そこで、卒業式が済むとその足で沖縄に飛び、那覇市にある泊漁港に入り浸り、漁船上で漁の

図4　太平洋のGreat Seaman（八幡撮影）

手伝いをする暮らしを始めた。この様に八幡は沖縄から北海道、インドネシア、ギリシャ、トルコと渡り歩き、漁師の生活現場を見てきた。

八幡がオーストラリアから日本まで、単独で一万キロ以上を伴走船なしのシーカヤックで帰ってくるという「Great Seaman Project」を思いついたのは、彼がシーカヤックの存在を知ってすぐの頃だった（図4）。彼のこの一見無謀な計画の噂は、日本のシーカヤック業界にすぐに広まった。業界を主導する重鎮達からの反応は、

「そんな計画は絶対無理。そんな無謀な計画を素人に毛の生えた様な若造が試み、もし失敗したらどのようなことが起こるか分かっているのか。我々がこれまで築き上げてきたシーカヤックに対する社会的な信頼やステータスが、崩れてしまうではないか」

八幡は、このいわゆる業界権威筋の反応に猛烈に反発した。新たな試みはそれが何であろうと、

多かれ少なかれリスクを伴うもの。それを経験者が全て危険だからと拒絶するなら、その業界に発展は望めないし、新たな世界の地平は見えてこない。八幡はシーカヤック業界の権威に反旗を翻したのであり、そのためか、今でも業界では一匹狼的存在である。

彼が私の共同調査の依頼を断らなかったのは、彼のこの経験があったためだと思っている。もし危険ということだけで拒否すれば、彼が昔の業界のボス達と同じになってしまう。

図5　分割されたタンデムカヤック

5　遠征準備はじめの一歩

さて、八幡からは二〇一〇年春に計画する黒潮源流遠征までに、練習をしておく様にとの話があった。そこで八幡と相談し、すぐに二人乗りカヤック（タンデムカヤック）を注文した。熊本市熊本港のすぐそばにある「WATER FIELD KAYAKS」という会社が製作した、ホエールウォッチャーというタンデムだ。しかしこのタンデムは長さが六百四十二センチあり、飛行機に乗せてフィリピンまで運ぶことは無理。そこで水野義弘社長にお願いし、市販されていない四分割タイプを、特別に作ってもらうこととなった（図5）。分割された物を手荷物として運び、現場で蝶ナットにより各部を連結し一体型にする。

八幡は基本的に教えない。素人であろうが、自分で情報を得て考えて練習しろ、というのが彼のスタイルだ。一応カヤックの雑誌等を購入し、情報を得るには得るが、机上の情報は漕ぐことにはほとんど役に立たない。シーカヤックツアーを実施するアウトフィッター（ショップ）が高知にあれば良かったが、当時は皆無だった。

6　井上幹生

図６　井上幹生

そこで「はじめの一歩」の指南をお願いしたのが、愛媛大学理学部生物学研究室准教授（当時）の井上幹生だ（図６）。井上の専門は、河川の環境と生物の関係、いわゆる河川生態学だ。私も高知大学で魚の生態をやっていた関係上、年に数回は顔を合わせて話をする間柄であった。

井上の名前を初めて耳にしたのは、先輩で友人でもある当時理学部教授であった柳澤康信元愛媛大学学長（現岡山理科大学学長）からだ。愛媛大学理学部の助手人事で、当時北海道大学の大学院生であった井上の採用手続きのため、北海道大学を訪問した直後のことだった。柳澤は東アフリカ・タンガニーカ湖魚類生態調査の同僚で、ケニアのナイロビから当時のザイール（現コンゴ民主共和国）の東の国境の街ウビラまで、陸路千五百キロを日本から送ったトヨタランドクルーザーを共に運んだ仲だ。ウビラを基地にタンガニーカ湖で潜水調査を実施し、半年間寝食を共にした。

井上に関して柳澤は次の様に話した。

「山岡、今度研究室の助手を北大から採用するのだけれど、彼は学生の時に一年間休学してるのよ。その間、何をやっていたと思う？」

図７　高知県大岐の浜で初カヤック

「うーん、なんやろなあ？　外国放浪なんかはざらやし、分からへんわ」

「シーカヤックで日本一周したのよ。日本人としては初めてのことらしいで」

この話を聞いた時期は、私は農学部栽培漁業学科の教員として、主に海中で空気タンクを背負い、スキューバ潜水による教育研究を行っていた。従って、海面を行くシーカヤックに対する関心は全くなく、ただホーッと感心しただけで、井上の凄さを実感できなかった。

その日本シーカヤック界のレジェンドである井上に相談してみた。

すると、

「土佐清水市大岐の浜に使える家があり、そこによく家族でカヤックに乗りにいきます。その時に来たらどうですか。少しくらいは教えられますよ。タンデムとシングル各一艇あるので、どちらでも好きに使って下さい」

何という幸運だろう。早速運天と一緒に大岐の浜を訪問した（図7）。

7　初めてのチン

図8　大岐の浜

大岐の浜は白砂青松の美しい砂浜で（図8）、サーファーが全国からやってくることで有名だ。まずは運天とタンデムで漕ぎ出した。コックピットに座ると、水面が凄く近くに感じられる。まさに海抜0メートルの視点といえよう。想像していたよりも安定しているな、と言うのが第一印象だった。パドルで漕ぐ毎に、海面をスーッと前進し心地よい。しかし、漕ぎ始めて十分も経てば疲労で腕が棒になり、まともに漕げなくなる。要は腕だけで漕いでいるためだ。誰でも初心者の時に、通過しなければならない苦痛なのか。

そうこうしていると一人で漕ぎたくなり、こわごわシングルに乗り換える。腰巾着の様に井上に引っ付き漕いでいく。彼の漕ぎ方の特徴をとらえ、真似をしようとしていたら、いつの間にか海面の色が深いピンク色に変わっていた。

井上が私に向かって、

「この時期になると、毎年海の色がピンクになるんですよ。藻類の繁茂だと思いますが、山岡さん、何か分かりますか？」

掌で海水を掬い見てみると、小さな紅色の藻体らしき細かな粒が認められる。次に私は横に向き海面を覗き込むため、顔を海面に近づけた。その瞬間、カヤックはいとも簡単にチン（転覆）した。

カヤックが転覆した場合、当然ながら身体は頭を下にして海中にあることになる。早く海面に顔を出さないと息ができない。まずは頭を水面に上げようと、スプレースカートを付けた状態で努力した。海面は顔の近くまでは来るが届かない。数回試みたがだめ。次に、海上でコックピットに水が入ることを防ぐスプレースカートを外そうとした。このスプレースカート、ひっくり返った場合は、先端に付いているパニックループとよばれる取手を引いて、全体をコックピットから外すことになっている。そのため、搭乗する際にパニックループをいつでも引くことができる様に、外に出しておかなければならない。ところが、私の不注意でそうはなっていなかった。

パニックループがない。これはやばい。少し慌てたが、何とかスプレースカートを外して脱出できた。その間三十秒程だったか。私の脱出が遅かったため、井上も助けにいかなければ、と一瞬思ったそうだ。

この沈脱の経験から、一人乗りのシングル艇は、特に頭がカヤックの中心線からずれると、簡単にひっくり返ってしまうこと、さらにパニックループの大切さを認識することができた。その意味では大変有益なカヤック初体験となった。

8　高知で練習開始

注文からひと月程たって、待ちに待った四分割のホエールウォッチャーが届いた。特注艇であるため、購入費用は通常の物より高くなったが、京都市立近衛中学時代の同級生で友人の、聖護院八ッ橋総本店社長鈴鹿且久君から資金的支援を得て何とか対応できた。

八幡が彼のガイド店「ちゅらねしあ」の新人に課すノルマは、毎日二十キロ漕ぐこと。一カ月に六百キロとなる。それくらい漕げば、天候の急変時でも、何とか生き延びられる可能性が高まるとの判断だ。私は運天と予定を調整し、できるだけ漕ぐ様には心がけた積もりだった。しかし実際には、週に一度漕げれば良い方だった。自身の体たらくが主たる理由だが、高知県の置かれた地理的位置も関係しているようにも思える。

高知県は太平洋・フィリピン海・土佐湾に直面し、波風の影響をもろに受ける土地だ。天気予報で表示される波高も最低で一メートル半。いくらべた凪でも、それ以下にはならない。練習しようと海まで行っても、白波を見ると腰が引けてしまい、心の中で、

「明日があるし、無理せんでもええんちゃうの。死んでしもたら元も子もないし」

とつぶやいてしまう。さらに、八幡からは夜間漕行の練習もしておくように、との連絡があったが、全く実施しなかった。

そんな状況ではあったが、外洋にドンと開けた太平洋で、運天とカヤックの練習をぼちぼちと始めた。南国市日章の高知大学農学部キャンパスから車で十五分程東に位置する夜須町手結(てい)マリーナを起点に、東は安芸、西は桂浜方面が練習場所である。大岐の浜を含む高知周辺海域における漕行距離は、延べ三百キロ程であった。しかしこんなチンタラした距離では、まともに漕げるようになるはずもない。そこで八幡は、黒潮源流域遠征に参加予定の三人を石垣島に呼んだ。遠征自体が危機的状況にならない様に、実施前に石垣島一周チャレンジ九十キロをさせるためだ。我々二人の他に、もう一人はフリーの水中映像ディレクターで東京在住の大貫陽だ。

9　石垣島一周チャレンジ

三人は八幡〝流〟漕術の特別指南を受けるため、石垣島白保の八幡宅に集合した。パドリングの基本や、沈脱した際のパドルフロート（パドルの先に装着し、カヤックに再乗艇する際に使う浮きの類）を使用しない八幡オリジナル再乗艇法等を伝授された。

その後、石垣島一周の説明に移ったが、そこで八幡から爆弾発言があった。

「今回の一周ですが、僕が一緒に行けば簡単にできます。それでは今回来てもらった意味がありません。私は陸上からサポートします。陸上からいつも見ていますので、安心して行って下さい。三人がまとまって行くことはやめて下さい。できるだけ上陸せずに、一筆書きで戻って来て下さい。どんな方法をとっても構いません」

「そ、そ、そんな！！！！　聞いてへんで！」

というのが偽らざるところだ。同時に、彼の勇気に感心した。もし私が彼の立場だったら、ほとんど素人の三人だけで行かせることは到底できない。そんな勇気は私にはない。

特にシーカヤックツアーを生業とする人間ならなおさらだ。もし何かあったら、社会的責任を問われ、その仕事は続けられなくなり失業してしまう。その心の壁を簡単に乗り越えられる八幡とは、一体何者なのか？

現代日本社会の一つの特徴が、上記の二人の心理面のやり取りに出ているのではないか。我々は社会生活の中であることを実施した場合、もしそれがうまく行かなければ、その原因を探り、次回はうまくいく様に考え対策を講じる。さらにうまく行かなかった責任がどこにあるのかを追及する。そうすると、社会が「進歩」すると同時に、失敗や問題は確かに少なく安全にはなるが、責任を取らなければならない基準は低くなる。こうなると、些細なことでも失敗するとすぐに責任問題となるため、新しいことにチャレンジすることが益々難しくなる。

行政も何か問題があると、すぐに法的に責任を問われるため、その問題の原因となる要素を安易に取り除く（禁止する）。それが最も簡単だから。そうなると、あれをやってはいけない、これをやってはいけないという「いけないだらけ」の「安心・安全」な社会が出現する。本当に我々日本人は、そんな社会を望んでいるのだろうか？

我々が日頃感じるつかみどころのない、真綿で首を絞められる様な閉塞感の源は、私はここではないかと思っている。少し身体を動かすと何かにぶつかり、自由に自分の身体を動かせないストレスに似ている。究極は「良い子は海で遊ばない！」という標語だ。海の国日本、水の国日本であるにもかかわらず。自分達の持つ「宝」から子供達を遠ざけることが、日本の未来を明るくすることに繋がるとは全く思わない。まさに「冗談はやめて！」の社会だ。

八幡の今回の一見無責任な行動は、この様に現代社会に潜む、根本的な問題に対するアンチテーゼだといえよう。そこを乗り越えなければ、日本は益々住みにくい国になっていく。誰かがリスクをとって、その流れを止めなければならないが、八幡こそその旗手であろう。

上記の内容を瞬間的に頭の中で理解した。夜の海で漕いだことはなく大いに不安ではあるが、八幡の方針にすぐに同意した。この石垣島一周チャレンジの後、八幡とずっと関係を続けているのも、この時の彼の勇気と覚悟に痛み入ったことが大きい。

二〇一〇年三月八日午前四時、真っ暗な白保の砂浜から我々三名は漕ぎ出した。寒さ対策のため、私は厚さ三ミリのロングジョンタイプのウエットスーツを着用した。白保周辺のラグーンは潮がかなり引いており、所々カヤックから降りて歩かなければならなかった。白保集落の南方でサンゴ礁のラグーンから外海に出たが、宮良湾の波はそれほど大きくなく、リーフエッジ（サンゴ礁と外海との境界部）の白波に沿って西に向かう。真っ暗な中に全日空ホテルの灯りが輝き、それを目標に漕いだ。全日空ホテルの沖を過ぎると、石垣港の入り口の赤色灯が見えて来た。

午前七時に離島便の高速船始発便が動き始めるので、その直前六時五十分に石垣港を辛うじて通過。

そうこうするうちにトイレに行きたくなった。コックピット内に収納したはずの、小便用にペットボトルを半分に切った容器が見当たらない。それを探すために、石垣港内の第十一管区海上保安本部所属の巡視船の横をすり抜け、スロープに上陸する。それにしても、なんとここの巡視船の大きく凄いことか。高知港で見てきた国内用の巡視船とは違って、大きく厳つい。中国などとの尖閣諸島を中心とした国境海域を担当し、よりタフな仕事をこなすためなのだろう。

上陸ついでに、八幡に携帯で連絡をとった。連絡があった方が安心すると思ったからだ。しかし、彼の対応は極めて冷静で、

「何故連絡してくるのですか？　連絡の必要は全くありませんので、安心して行って下さい。貴重な携帯の電池を無駄に使わないで下さい」

塩気をいっぱいに含み、台湾からの西寄りの風に運ばれて来る八重山の朝の空気を吸いながら石垣港の防波堤から出ると、眼前には平らな竹富島が横たわる。沿岸に沿って西に漕ぎながら、運天が今どこにいるのかを知りたくなった。指導教員として、学生の状況を把握しておくことが必要、という弱い自分への言い訳だ。潮まみれの手で防水でもない携帯を取り出し、観音崎を回った辺りで八幡の忠告にもかかわらず連絡をとり、途中名蔵湾を渡った大崎辺りで落ち合うことを試みた。

運天の方が先行しているのだが、海から見ている石垣島の景色はそんなに変わらないはずだ。そのつもりで説明するのだが、話が噛み合わない。見ている光景がちがうのか？　そんなはずは

ない、と思いながら携帯を切った。

それもそのはず。後で運天から聞いた話だが、そのころ彼は西表島を石垣島と思い込んで進んでいた。どう考えたらそんなことが起こるのか、私には理解不能だが、運天は石垣島の南西端観音崎を回ったところで、西表島を目指して漕いでいた。途中で近くを通りかかった漁船が不審に思い、

「にいさん、どこに行くつもりなの？」

と尋ねたのに対して、

「石垣島を一周しています」

「あんたが向かっているのは西表島で、石垣島ならこっちだよ」

運天はここで初めて自分の間違いに気づいた。漁船に出会っていなかったら、彼は石垣島一周から忽然といなくなり、少なくとも一時は行方不明になった可能性が高い。

石垣島と西表島の間には石西礁湖と呼ばれる広い海域が広がり、時計回りに石垣島を一周する場合、常に自分の右側に石垣島がある。それが観音崎を回ったところで、何故左側の西表島を石垣島と思ったのか。後日彼にそれを尋ねたところ、

「前方に大きな船が停泊し、それが石垣島と西表島を繋ぐ形になり、そのまま方向を見失ってしまいました」

とのことであった。

結局運天には会えずに、トイレがしたくなり九時五十分に名蔵湾北東端の大崎に上陸。パンを

食べて十時二十分に大崎を発つ。ダイビングツアーのボートを横目に見ながら北に向かうと、屋良部崎辺りで北からの波が大きくなり始めた。正午辺りに荒れるポイントと聞いていた御神崎（うがんざき）で、一艇のタンデムが近づいて来た。後ろに八幡が乗り、前にはカメラマン。八幡曰く、

「低気圧が発生し、北からの波が強くなってきます。夜の十二時までには、島の北端平久保岬を通過してください。急いで下さい」

そう言い残すと、彼はすぐに引き返した。一人でこんな長距離を漕ぐのは初めてで、目一杯漕いでいるのに、これ以上急げとは。

「そんなん無理やで！」

と思いつつ、もうひと頑張りせざるを得ない。

石垣島の北西端平離島辺りからうねりがどんどん大きくなり、まるで小山を登っては降りる感じか。こんな大きなうねりの中では、カヤックなんて点にもならない微小なもので、たとえ八幡が双眼鏡で見ていたとしても、陸上から見えるわけがない。うねりは巨大ではあったが、波頭は崩れてなかったので、うねりをトットットットッと上り、トットットットッと下る。楽しみながら、約十五キロ先の野底石崎を目標に漕ぎ続ける。

平離島を回った辺りで、リーフ外ではなくリーフ内に入り、静かな礁湖内（ラグーン）を漕いだ方がよかったのだろうが、岸を見るとリーフエッジには大きなサーフが立ち、怖くて近づけなかった。一方、それまでに大きなミスをした運天は、今度は的確な判断でリーフエッジのサーフの切れ目を見つけ、礁湖内をゆったりと漕いだそうだ。琉球の海人（ウミンチュ）の末裔と、京

都の「ぼんぼんモドキ」の違いか？

野底石崎が近づいたころはバテバテだった。足から腰にかけて痺れを感じながら、伊原間漁港まで行ければ、自分では十分だと言い聞かせていた。六十歳の年齢を考えれば、そこまでやれば、

「自分を褒めたりましょ?・?・?・・・・」

そこで、携帯を取り出し八幡に連絡し、もうこれ以上は漕げないので、伊原間漁港で上がりたい、と告げた。

伊原間漁港に到着したのが夕方六時過ぎだっただろうか。三月初旬の八重山ではまだ十分に明るい。到着してすぐ、八幡が車でやって来た。私の顔を見るなり、

「まだまだ元気な顔ですよ！　ここで上がらず、先へ行って下さい」

私の下半身は軽くしびれていたのだが、まだ漕ぎ続けることとなってしまった。自分としては、八幡から次の様な言葉をかけて欲しかったのだろう。

「仕方ないですね。いつもなら更に行ってもらいますが、低気圧の影響で平久保岬は荒れ始めますので、今日はここでやめときますか。まあ、六十歳にしては頑張った方でしょう」

午後六時半、太陽は水平線に残照を残し、既に東シナ海に沈み、薄暗くなった野底湾に再度一人で漕ぎ出すこととなる。野底湾のリーフ内は静かで、遠くから聞こえるリズミカルなサーフの砕ける音以外は、自分のパドルの音だけだ。真っ暗なリーフ内の海は、波もなく平安そのものだが、ところどころに岩が出ており、しっかりと前の海面を見ておく必要がある。

真っ暗な海面を見ていると、パドルで水をかく毎に、海中が光る。これは新発見だ。夜光虫の光り方ではなく、海底がポッ、ポッと弱く光るのだ。これまでにリーフ内で夜間潜水をしたことは何度もある。しかし、このような光は見たことがない。機会があればもう一度三月初旬の夜の野底湾に漕ぎ出し、何が光るのかを調べてみたいものだ。

午後十時、平久保岬着。平久保付近には、これまでに八幡等とツアー客として二度来たことがあるので、少しは状況を把握しているが、夜の平久保岬は初めてだ。岬に近づくにつれて、暗闇の中から、波が岩にぶつかり砕ける「バッシャーン」という音が益々大きくなってくる。恐怖そのものだ。平久保灯台は絶壁の上では灯っているが、真下の海面には届かない。まさに「灯台下暗し」。実際の状況を目視できないので、なおさら波の音による恐怖が倍増する。

「このまま行ったら死ぬかもしれへん。リスクをとっても死んでもたらなんにもならへんし」

と言う声が頭の中でだんだんと大きくなる。

「今夜は進むのやめて、明朝明るくなって状況が見られたら、行けるかもしれへん」

そこには、リスク回避の言い訳ばかりを探すいつもの自分がいた。すぐに引き返し、午後十時半平久保大橋近くの砂浜に上陸した。八幡に連絡すべく携帯を取り出したところ、熱を発し「クッファ」（スワヒリ語で「死ぬ」という意）。余りに海水のついた手でいじり回したためだ。八幡の言った通りのお粗末な結果となってしまった。心配をかけるがどうしようもない。

砂浜に引き上げたカヤックの横で、ウエットスーツのまま横になり寝始めるが、亜熱帯とはいえ三月初旬の夜はさすがに寒い。それに追い打ちをかける様に、冷たい雨が降り始めた。テントを所持して来なかったので、雨を避けられるところを周りで探したところ、平久保大橋の下しか見当たらない。そこで、カヤックを砂浜において、そちらに移動して寝ることとなった。

夜が明けた。八幡に連絡をとらなければならない。砂まみれの身体で九時に道路に上がり、まずは北に向いて歩くが、家屋は全く見当たらない。次に平久保大橋の下を流れる川に沿って上流に向かうと、そこには養豚場があった。昨晩は養豚場から出る「栄養たっぷり！」のところで寝たことになる。忙しそうな養豚場の事務で電話を拝借するのも気が進まず、再度道に戻り、今度は南に向いて歩く。そうこうする内に、九時四十五分「平久保幼稚園・小学校」に行きつき、そこから八幡に連絡を取ってもらった。

十時半ごろ八幡がやって来た。

「大丈夫ですか。無事で良かった」

最初に怒られるかと覚悟していたが、このときは何とも拍子抜けの優しい対応だった。

運天はというと、私が伊原間に到着した頃、すなわち暗くなる前に平久保岬に到達し、無事島の東岸に至りそこで上陸して睡眠をとり、三月九日の朝九時半頃白保まで戻ったとのことだった。もう一人の大貫は途中で八幡からストップがかかり、御神崎付近で上陸した。結局三人のうち一周できたのは運天のみだった。

10　反省会

白保の八幡の店「ちゅらねしあ」に戻り、反省会が開かれた。その際の八幡の追及は容赦のないものだった。

「何故平久保岬を越えられなかったのですか?」

「暗闇から聞こえてくる波の砕ける音に恐怖を感じ、腰が引けてしまって・・・・・」

「海を漕いで行くのが怖くてできないなら、カヤックを降りて、海岸を歩いてカヤックを曳いて行けば良いじゃないですか。どんな方法でも良いから、一周して下さいと言ったはずです」

「確かに今はそんな方法もあったかな、と思うけれど、あの現場では恐怖が先に立ち、頭に浮かばなかった」

「自然の現場では、どれだけ事前に考えていたとしても、想定外のことが必ず起こります。その度に怖がっていたら、前に進めません。初めてのことは、誰でも少しは怖く感じる部分もあります、未経験なのですから。事前にシミュレーション（状況予測）して来なかったし、やろうとさえしなかった。この失敗は当たり前です。まともな地図も持参せず、信じられない。

海の冒険はシミュレーションが全てです。対象とする海で起きると考えられる状況を全て予測し、それに対する対処の仕方を事前に考えておいて下さい。それができないと、荒れた海では死にます。

ある距離を漕ぐ場合、同じ距離でもそれに要する時間は自然状況により異なります。その様なデータ自体が自分のものになっていることが重要です。距離ではなく、時間を重視して下さい。ある距離を漕ぐ場合、時間設定をしますが、その通りに行かなかった場合は、必ずその要因を分析して下さい。何故予想通りに行かなかったかを。

本当の意味でノンビリ漕ぐためには、ガツガツ漕いで行けないとだめです。現場でこそ冷静に頭を使って、何とかその状況を切り抜けることを考える様にして下さい。それができないようでは、命が幾つあっても足りません」

この石垣一周チャレンジは、私に多くの経験、多くの落胆、自分の甘さの再認識と、少しの自信を与えてくれた。約十八時間の間、コックピット内に座り続けたためか、下肢から足の裏側が軽く痺れ、感覚がどこか鈍くなった様に感じた。肉体的にもかなり厳しいものであった。

11　第一次遠征計画

石垣島一周チャレンジを終え、黒潮源流域遠征の準備を具体的に進める段階となった。高知大学は幸運なことに、黒潮が始まるビコール州にあるビコール大学と研究教育面で交流協定を締結しており、個人的にも友人知人が多くいた。そこで、黒潮源流域遠征の出発地を、ビコール大学があるアルバイ県タバコ市とすることとした。

タバコ市を出発地とし、ルソン島東岸の漁村を訪問しながら、二〇一〇年度から二〇一二年度の三度に分けて、ルソン島北東端カガヤン県サンターナ市を目指す（口絵1）。

遠征参加者が四名であるため、もう一艇ホエールウォッチャー四分割を購入した。人間だけならフィリピンまで行くのは簡単だ。しかし四分割シーカヤック二艇分、長さ約一・七メートルの八個の荷物を運ぶとなると話は全く別。一般的には大手の宅配便業者は、国内でさえ運んでくれない。業者によっては、高知大学から空港近くの店まで運ぶことはできても、そこから空港までは別の運搬方法を考えなければならない。「赤ずきんちゃん」等の軽四輪貨物運搬業者に頼むこともできるが、輸送費が一台十万円以上と大変高く予算的に無理。

どうすれば良いのか悩んでいると、農学部事務会計係（当時）の東内優子さんから、救いの手が差し伸べられた。彼女のアイデアとは、農学部のトラックかバスを使えば運べる、というもの。源流域調査が「研究調査」であるなら、遠慮する必要はないという。日程を調べてもらうと、運良くスクールバスが空いていた。スクールバスの大崎運転手さんには、いつも学生実習等でお世話になっており、お願いしたところ快く了承して頂き、分割したカヤックを積んで、高知から関西国際空港まで行ってもらえることとなった。

マニラに着いた後、カヤックをどのようにタバコまで運ぶのか、については、ビコール大学の友人ソリマン教授の支援を得た。ソリマン研究室の大学院生ジョネル君がニノイアキノ・マニラ国際空港まで迎えに来てくれることとなった。

12　黒潮圏海洋科学研究科

高知大学では、「黒潮圏科学」とよぶ文理融合の新たな学問分野創成を目指した「黒潮圏海洋科学研究科」という博士課程のみの独立研究科（図９）が作られ、私も農学部栽培漁業学科からそちらに異動していた。黒潮圏科学を真に実のあるものに育てるためには、黒潮下流域の我が国周辺ばかりでなく、源流域のルソン島周辺の情報も重要な要素だ。しかし、これまでに述べた様に、その情報を得るためにはいろいろな困難がある。黒潮圏海洋科学研究科の関係者には、黒潮の専門家は一人もおらず、そのためか同僚の多くからは、

図９　高知大学黒潮圏海洋科学研究科棟

「何故そんな効率の悪い危険なことをするのか。モーターボートか車で行けば良いのに？」

という目で見られていたように感じる。

「黒潮圏科学」を一人前に育てるには、源流域の情報を得ることが不可欠だ。この考えは客観的にも正しいと、今でも思っている。そのためには、リスクを伴う効率の悪い調査もしなければならない。本来なら、元気な若い研究者がそのような調査を企画し、自ら時間をかけて「黒潮圏科学」を育てていくのが

理想だ。しかし、今の国立大学は、このような一見無駄に思える調査を始めることを、容易には許さない。法人化実施前の文科省の説明では、国立大学は法人化に伴い、各大学は文科省からの独立性が強まり、その自由度が高くなるはずだったが、実態は全く逆。予算は削減された上「中期目標」や「自己業績評価」等多くの報告書の提出を求められ、益々長期的な展望を持ちにくくなっている。皮肉な人は、

「文科省の役人に、財務担当理事としての天下りポストを確保しただけ」

という人もいるくらいだ。全く同感だ！

個人業績が給与や研究費に反映されるため、研究テーマも結果をほぼ予測できる様なものを選び、効率よく論文を完成させなければならない。定年間近の研究者なら、余りそんなことは気にしないだろう。文科省の意向に踊らされるより、自由に研究できることの方が、どれほど重要で楽しいかを経験上知っている。しかし若い研究者はそうはいかない。誰もやったことがない、成功するかも分からない、しかも論文もそんなに書けないテーマに「うつつをぬかす」わけにはいかない。現在、社会全体に余裕は全くないが、大学という特殊な社会もその影響をもろに受けている。

市民の方によく考えて頂きたいのは、大学が持つ社会的な役割だ。ノーベル賞受賞者の山中伸弥京大教授は次のように仰る。

「大学の研究は失敗の連続だ。手をつけた研究のうち一割がモノになれば凄い。そんな研究者がいれば、野球選手でいえばイチローの様な希有な存在です」

この一見無駄に見える「失敗」を、少し前までの国立大学は許せる環境だった。しかし、先に書いた様に、小泉改革により法人化され、国立大学は変わった。予算を握る文科省のご機嫌ばかりを伺う様な、三年で結果の出る様な、結果もほぼ見えている様な、まさに「ミミッチイ」研究ばかりを国立大学の研究者がやり始めたら、一体どこの組織がリスクを伴うスケールの大きな研究を担うのか、実施するのか？

昔に比べると、私企業の研究予算は桁違いに増え、大学を含む公の研究機関の重要性は、相対的に低下している。しかし、営利を目的とする私企業の研究所が、大きな資金的リスクを背負った、着地点も不確かな研究に取り組むとは到底思えない。したがって、日本という国家を、世界の中で輝く国であり続けさせるためには、国立大学の社会的存在としての意義は極めて大きい。世界を感動させる様なスケールの大きな研究は、自由な発想からしか生まれない。

市民の多くの方々は、大学の教員のかなりの部分が、自己の給与を少しでも増やすために研究テーマを選んでいる、としたら、大いに落胆されることだろう。市民は、研究者の大きな夢を自分も共有したいと願い、それに対して税金を使うことにやぶさかではない、と思われるに違いない。細かな結果ばかりが国立大学に期待されることではなく、社会に夢を広げ、それを市民と共有し、驚きと感動に満ちた明るい未来物語を作り出すことも、市民が大学に期待することだと私は信じる。

13　直前ブルー

出発日の五月十日が近づくに連れて憂鬱になる。いつものことだ。私はこの現象を「直前ブルー」と呼んでいる。

自らが喜んで積極的に立案参加することでも、それが近づいてくると、わくわくするどころか、気持ちが落ち込み、

「なんでこんなこと、することになってしもたんやろ？　やめといたら良かったのに。その方がよっぽど楽やったで！」

と反省する、が時既に遅し。

一方、周りの人からは、

「もうすぐですね、楽しみでしょう」

とよく言われるが、

「楽しみなもんか、反対やで。できたらほっぽり出して、家で寝てたいわ」

と答えたいところを、いつも乾いた笑いでごまかしてきた。

一九七九年に最初にタンガニーカ湖魚類生態調査に行った時もそうだった。担当教授の京都大学農学部岩井保先生（当時）に全く何の相談もせず、母校近衛中学の向かいの京都大学楽友会館にて開かれた理学部川那部浩哉助教授（当時）主宰の会に参加し、勝手に参加表明してしまっ

た。それも博士課程の途中で。当然次の日の朝一番で岩井先生から御呼びがかかり、ことの顛末を説明させられたことは言うまでもない。普通の指導教官なら、私の様な自分勝手な大学院生は見放されるところだが、岩井先生は最後まで暖かく見守って下さった。

この様に周りに迷惑をかけまくったにもかからず、直前ブルーに十分なったし、調査地についてからも最初の一週間は、

「なんでこんなとこに来てしもたんやろ！」

と、一人になると心の中でぼやいていた。一週間経つと、それまでの心のぼやきは何処へやら、ケロッとして環境に適応しそこでの生活を楽しめるのだが。

この直前ブルーという現象は、心理学的にはどのように理解すれば良いのか。私に固有の心理状態だとすれば、どのような私の性格と関係しているのか？　じゃまくさがり、決断力のなさ？　自分でやりたいと願っている様に思う企画が、元々心の深層から湧き出た良く練られたものではなく、表面的な直感や思いつきによるもののためだろうか？　確かに私は「思慮深い」性格ではなく、直感や感覚で物事を判断する傾向が強い。

「何とかなるやろし、まあやってみよ。面白そうやし」

的な性格と関係があるのか？　八幡的な表現をすると、シミュレーションが全く足りないともいえる。感覚的に面白そうだということで食らいつくが、実際に実施が近づいてくると、否応なしに少しは実際の現場のことをシミュレーションしなければならず、その時初めてことの大変さに気付くという図式だ。この解釈はかなり的を得たものの様に思える。

第二章　第一次遠征（地図1）

14　高知からマニラ経由でタバコへ

二〇一〇年五月十日午前八時過ぎ、高知大学農学部をスクールバスで運天と二人で関空に向け出発。午後一時関空着。東京からの大貫と合流後、午後二時半にアシアナ航空にチェックインする。手荷物のエクセス（超過重量）が三十六キロ。その費用はキロ当たり二千六百円、十万円以内で済んだ。

午後五時関空発、インチョン経由でマニラ着午後十一時。

通関手続きで少々手間取っていると、空港内アナウンスで私の名前が呼ばれた。迎えに来てくれたソリマン研究室の院生ジョネル君が、心配して探してくれているらしい。

彼は駐車場で待っていてくれた。カヤックをタバコまで行く運送業者の大型トラックに積み込み、そのトラックに国内線ターミナルまで乗せてもらう。午前一時過ぎに待合室に入ったが、冷

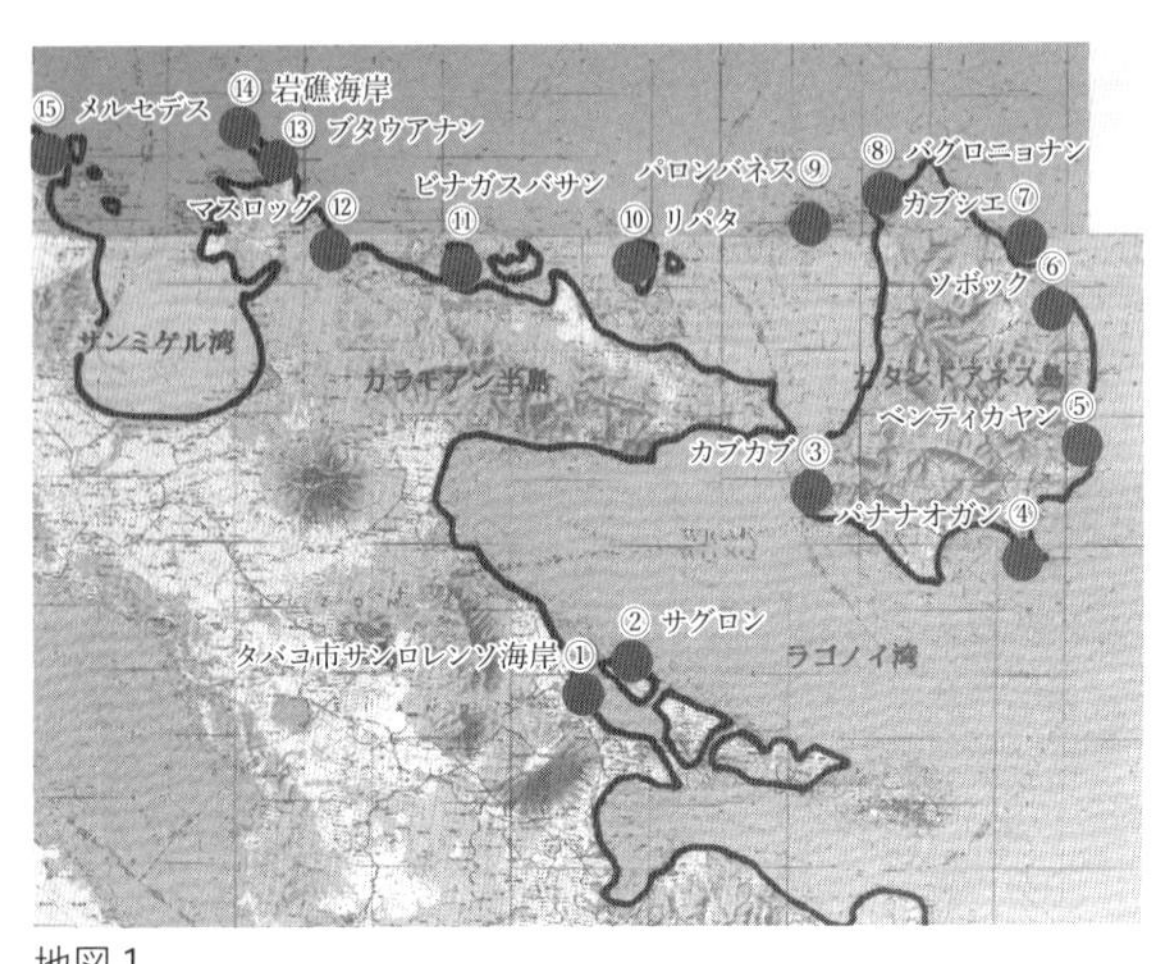

地図１

房が強烈で寒く、椅子に横になり六時半発のレガスピ行きの便まで寝るつもりであったが、それどころではなかった。この様にドタバタと黒潮源流域調査のはじまりの一日は過ぎて行った。

　五月十一日晴れ。レガスピ空港に七時二十分着。レガスピからタバコまで、空港で知り合った初対面のおじさんに八百ペソで送ってもらう。到着したビコール大学タバコキャンパスは丁度夏休み中で学生はおらず、閑散としていた。ちなみにフィリピンで「夏」というのは、三、四、五月の三カ月のこと。乾期に当たり、雨が降らず晴天が多いからだ。ソリマン教授とニエベス学部長に御挨拶。昨晩トラックでマニラを出たカヤックは、午後四時前にタバコキャンパスに到着し、輸送料二万ペソを支払う。宿泊はキャンパス内にあるゲストハウス（図10）。お湯は出ないがシャワーもあり、クーラー完備で十分な宿泊環境だ。

　夏休みで大学のキャンティーン（簡易食堂）が休みのため、夕食は近くのデパートLCCに買

図10　ビコール大学ゲストハウス

い出しに行く。ライス、酢豚風のチョプソイや春雨を用いたソタンホン等、ビールを含めて一人分百ペソ。全てビニール袋に入れて持ち帰る。デザートは昼間に市場で購入したパイナップル。果物の中で最も好きなマンゴスチンではないが、チョプソイ等のフィリピン料理を食べた後パイナップルをほおばると、フィリピンに来た、という実感が沸いてくる。

15　八幡到着

翌朝六時に宿舎を発ち、八幡を迎えにレガスピ空港へ向かう。八幡の到着後、彼と大貫のビザを得るため、街の事務所に向かう。書類に記入するだけで、時間的には十五分程で終了。取得費用約三千ペソ也。その後、食料（米十五キロ、スパゲッティ、塩、砂糖等）と水、調理用鍋等を約三千ペソで購入した。食料をそれほど購入しなかったのは、基本的には食料は現地調達、もしくは自給自足と考えたからだ。

昼食後、八幡を交えて今回の訪問予定地の選定を行う。当然こちらに来る前に、それなりに情報を得て訪問予定地を考えているが、それについて詰めを行う必要があるためだ。

二〇〇九年十一月にレガスピで開催された高知大学、ビコール大学と、台湾の高雄にある中山大学共催による「黒潮圏科学シンポジウム」の際、事前調査を兼ねて大型バンカ（舟体の左右両側に舟体を安定させるための腕の出た伝統的な舟）漁船で、黒潮源流の島カタンドアネス島から南カマリネス県カラモアン地域を見てまわった。しかし、大きな舟が岸に着ける場所は少なく、大きな港以外訪れることはできず、ほとんど有益な情報を得ることはできなかった。当然のことながら、周りのフィリピン人研究者もほとんど情報を持たない。情報を得る方法としては、八幡から出発直前に添付で送られて来た地図とグーグルマップ。このグーグルマップだが、初回の遠征では少し参考に見る程度で、深くは分析して行かなかった。そんな状況に、八幡からは、「シミュレーションが全くできていない。本当ならこの遠征はこの段階で失敗確定です」との一言。

16　潜れる海があれば死なない

日々の終わりに、毎日真剣な反省会が行われ、八幡の率直で遠慮のない意見を聞くこととなる。私も八幡に匹敵するくらいのカヤックで自然と対峙した経験があれば、彼の意見に対して反論もできるが、余りに二人の差が大き過ぎ、まともな討論ができない。反論した場合、何故そう考えるのかを徹底的に問いつめられることになる。私にとっては毎日がまるで「針の筵」状態だった。逃げられれば逃げ出したかったけれど、ここでは逃げ出す場所がなかった。彼と私の歳の差は親子程の二十五あるが、容赦は全くない。

私の中では、これぞ八幡の真骨頂なのだ。考えることがつくづく好きなのだ、ということがよく分かる。それも、「生きる」ということに対する思索が。

「潜れる海があれば死なない」

彼の座右の銘だが、そのことをよく表している。彼が自然と向き合いながら、それも一歩間違うと死に直結する様な尖った自然と向き合い、人間の小ささを実感しながら生きることを思索する、希有な「海洋冒険哲学者」であると確信する。

17　行き当たりばったりの旅

この様な状況で、厳密な訪問予定場所の選定を行うことは不可能であった。従って、ある程度は行き当たりばったりの旅になることは仕方がない。まずは明日五月十三日、タバコ市の南部にあるサンロレンソ海岸を発ち、向かいにあるサンミゲル島サグロン村に上陸。翌日サグロン村からラゴノイ湾を横断し、五十キロ離れた黒潮源流の島カタンドアネス島に渡る計画を立てた。その後は現地で情報を集めながら、天気と相談しながら、二十キロ前後の距離を漕ぐことにする。目的地は北カマリネス県メルセデス市（地図1）とし、到着予定は六月一日となった。

18　タバコ市サンロレンソ海岸発

五月十三日四時半起床。弱い雨が降っていたがすぐ止む。朝食代わりにサギン（バナナ）一本を食べ、最終準備の確認を終え、七時半に大学のバンを使わせてもらい、出発地点サンロレンソ海岸までカヤックを運ぶ。ローカルテレビ局や新聞の取材に対し黒潮の説明をするが、どれだけ分かってもらえたか自信はない。彼らにしてみれば、実際に眼前の海に目立った流れがあるわけでもなく、熱帯なので黒潮が有する暖かさなど、気付けるはずもない。彼らの日々の生活に全く無関係の対象を一回聞いて理解してね、というのが土台無理なのだ。そこで、フィリピンは島嶼国家なので、カヤックが日常の交通手段として、また海洋レジャーグッズとしても有望だ、との当たり障りのない意見も述べておいた。

図11　マヨン山

四人で記念撮影の後、正午各自二リットル入りのペットボトル入りの水を持ち、ニエベス学部長に見送られてサンロレンソ海岸を出発する。この砂浜はタバコ市のすぐ後ろに聳える標高約二千五百メートルの活火山マヨン山（図11）の影響により、

図12　出発地サンロレンソ海岸の４人

その砂の色は黒く、日本人なら「白浜」ならぬ「黒浜」と命名するだろう。
　私と運天、八幡と大貫というペアで漕ぎ始める。私と運天は「遍路」で有名な四国の土佐に住んでいたので、お遍路さんが着用する「同行二人」と書かれた遍路笠（図12）を持参した。笠をかぶって記念写真を撮ってもらい、いざ漕ぎ始めると、この遍路笠、邪魔にしかならない。事前に考えれば、カヤックの前進を阻害する抵抗にしかならないのは分かっているのに。うれしがりにも程がある。自分であきれる程だ。すぐに遍路笠を脱いだことはいうまでもない。
　我々のカヤックを取り巻く様に、取材カメラマンを乗せた小型バンカと、ソリマン教授を乗せた大型バンカが伴走する。ソリマン教授は、客人に何かあると困るので、明日もカタンドアネス島まで付いて来てくれるという。まずは素直に、思いやりに感謝したい。

19　サンミゲル島サグロン

サグロン村はそれまでに何度も訪問し、バランガイキャプテン（集落長・ＢＣ）のチュトイさんは友人である。地先のサンゴ礁内の海面（ラグーン）は海洋保護区（ＭＰＡ　Marine Protected Area）に指定され、漁師、行政、大学の三者が資源保護に向け協力している。ここラゴノイ湾は、夏季の満潮時に、沖からラグーン内に群で沖から入ってくるアイゴ類の稚魚（クヨッグと呼ばれる）（口絵2）のフィリピンにおける三大漁場の一つとして、リンガエン湾、セブ島とともに有名である。

図13　クヨッグ近影

クヨッグは沖縄では「スク」と呼ばれる。この時期になると、大人も子供も水中眼鏡を付け、足の立つ様な浅場で、クヨッグの群れを網に追い込むことに夢中になる（図13）。クヨッグの素揚げは大変美味しい。沖縄で素揚げを食べたことはないが、ビールが好きな人にはたまらないのではなかろうか。ただこのクヨッグだが、五年程前から漁獲量が大きく減少し、ソリマン教授がその漁獲量の回復に尽力中だ。リンガエン湾とセブ島では、クヨッグの漁獲がほぼなくなったとの話も聞く。

チュトイさんは魚を漁師から集め、それをタバコ市の市場に卸す仲買の仕事をしている。お宅でコーヒーを皆でごちそうになった時、グラスに入った水も添えられていた。それまでのフィリピンでの生活では、私は市販のミネラルウォーターを飲むことにしていた。胃腸が弱く下痢をしやすい体質であることや、シンガポールのホテルで飲んだ氷水による強烈な下痢の経験からの結論だ。それに子供の頃、母悠紀子から、

「将来熱帯に行くことがあれば、生水は絶対飲まないようにしなさい。太平洋戦争中に多くの兵隊さんが戦地で亡くなられたが、生水による下痢からくる体力消耗によるものも多かったのよ」

とよく聞かされた。

そのため飲まないでいると、横にいた八幡から一言。

「先生、その水、飲まないのですか?」

「下痢をしやすいのでやめときます。明日からきつい日々が始まるのに、下痢で漕げなくなって皆さんに迷惑をかけると申し訳ないので」

「これから行くところは、ミネラルウォーターがいつでも手に入る地域ではありません。この水を飲めないようなら、今回の調査はできません。僕の経験から、下痢を起こすのは、熱帯域の中途半端に都市化された地域の水道水です。田舎の山から流れ落ちる水は心配いりません。僕を信じて飲んで下さい」

そこまで言われたら飲むしかない。飲みましたよ。結果は問題なし。

各漁村では、以下の質問を漁師に対して行った。

1　何歳ですか
2　何歳から海に出ましたか
3　主な漁獲対象は何ですか
4　漁場はどこですか、ラグーン内、ラグーン外の近海、沖合
5　漁法は何ですか、釣り、網、ジグ
6　子供がいる場合、子供に漁師を続けさせたいですか
7　生活費は漁業だけから得ていますか
8　人生で大切なものは何ですか
9　現状で幸せですか
10　夢は何ですか

サグロン村で初めてこれらの質問を漁師四人に行ってみた。皆さん気軽に答えてくれたのでまずは一安心。ここで感じたのは、自分の子供達が初等中等教育を満足に受け、成長することを夢見ながら、幸せに生きている漁師の姿だ。果たしてこの傾向は、もっと辺鄙な漁村でも同じなのだろうか？

20　カタンドアネス島カブカブへ

五月十四日四時起床。ソリマンさん達が用意してくれたパンで朝食を済ます。五時十五分サグロン村の馴染みの浜を、いつも遥か五十キロ向こうに霞んで見えていたカタンドアネス島に向け出発する（図14）。少し沖に出て振り返ると、富士山がダイエットした様な美しいマヨン山が黒々と聳えていた。

図14　サグロンから雲の下に霞むカタンドアネスへ

海は普通の状態で、風も気にならない。やはり天気が安定する午前中に移動した方が良い様だ。漕ぎ始めは昨日と同じペアで運天とともに出発したが、八幡艇が断然速く、その距離がどんどん開く状態となった。二時間程漕いだ頃に八幡から、

「漕力のバランスが悪いのでペアを換えましょう。今の各個人の力を数値に置き換えると、大貫一、山岡〇・九、運天一・五、八幡二・二です。僕と先生が漕ぎます」

そこで私が八幡と漕ぐこととなった。

八幡と一緒に漕ぐのは、石垣島でツアーに客として参加して以来のことだ。そのときは彼も本気で漕ぐ必要がなく、適

当に漕いでいたのだろう。しかし、今回は真剣に漕いでいるはず。最初に印象に残ったのは、彼のパドリングの音だ。

「ジュボッ、ジュボッ、ジュボッ」

の連続。空気中から水中にある物体が勢いよく入れられた時、瞬間的に水の中で細かな泡が生じる音だ。普通にパドルのブレード部分を水に入れて漕ぐと、

「ジャボ、ジャボ、又はジャボン、ジャボン」

となる。生じる気泡の大きさの違いから生じるのだろう。この「ジュボッ、ジュボッ」こそ八幡「流」漕術の極意を表す音だと思い、それ以来あの音に近づこうと努めている。

八幡にその音に付いて話すと、

「音はどうでも良いですけど、僕の場合ブレードが水に入る瞬間に、力の八割を消費します。爆発させるのです。後はパドルを流れに任せる様な感じです。音が出るということは、そこでエネルギーの無駄が生じているから、音を出さない様に漕げ、という人がいます。しかし、その人は荒れた海をご存じないアスリートです。そんなことを気にしていたら、厳しい海では漕げませんし、死にます」

確かに、静かな波のないレース場でタイムを競う場合は、理屈の上では音がでない方が良いのかもしれない。しかし、自然の中で漕いでいると、リズムよく刻まれるこの音は、疲れ果てた肉体にエネルギーを供給してくれる音にもなる。経験を積んでくると、この音の大きさにより、八幡の漕ぎの真剣さ度合いを計ることもできるかもしれない。

八幡の遠征の特徴の一つは、定期的な休憩を取らないことだ。その理由を聞くと、
「定期的な休憩が必要な場合は、そのように言って下さい。それでも全く構いません。その要求がないから定期的な休憩は取らないだけです。自分が疲れたら自由に休憩して下さい。喉が渇いたら水を飲んで下さい。ただ、状況を見極めながら休憩を取らないと、流されてしまう恐れがあるので、周りの状況を見て判断して下さい。僕の基本的なスタンスには、気象が急変するかもしれないということが常にあります。海が静かな間に、できるだけ目的地に近づいておきたいのです」

ラゴノイ湾の沖合では、太平洋からの東よりの風があり、少し西に流され、午後十二時半にカブカブに上陸。所要時間は七時間強。

このカブカブという集落だが、海からは小さな村に見えたがかなり大きい。まずはBCに挨拶に行く。四十五歳の女性だ。海岸での宿泊と調査許可を得るための挨拶だが、向こうは我々が何をしに来たのかと不審に思うはずだ。こんな辺鄙なところに外国人が来ることは珍しく、それだけでも普通ではない。さらに海からカヤックでの訪問であるため、尚更のことだろう。

彼らの不安を払拭するのに大いに役に立つのが、出発前にビコール大学タバコキャンパス長であるニエベス学部長からもらった「レター」だ。我々四人の素性と訪問の目的が、タガログ語で書かれている。この書類を見ると、それまでの怪訝そうな表情に笑みが戻る。京都から送ってもらった聖護院八ッ橋をお土産として手渡すと、さらに表情が緩み、話がうまく進む。丁度フィエスタ（お祭り）なので、客人として安心してどこの家にでも入り込み、ごちそうを食べて下さ

い、とのアドバイスも頂けた。

国外で野外学術調査を行う場合、先方の国内で調査をするための許可を得ることがまず重要だ。これがないと調査は不可能。もし調査許可なしで調査を実施したとしても、その結果を国際誌や学会誌等に公表することはできない。調査許可証がないと、調査対象国からの情報の「搾取」と判断されて掲載を拒否され、外交問題に発展する可能性もあるからだ。

今回の遠征調査は、高知大学とビコール大学間で学術研究教育交流協定が結ばれており、そこで上記の問題はクリアされている。しかし、公式のレベルとは別に、まずはその現場の長の許可を得ることが必要だ。三十歳の頃参加したタンガニーカ湖調査時から、このことを学習して来た。ここフィリピンでも、何の疑問もなく同じ調査手法をとった。警察にも挨拶に行ったし、この様な挨拶回りは私の仕事であった。

夕日に映える美しいマヨン山を対岸に望みながら、七時過ぎにはテントに入る。今回持参したテントは、ご協力頂いたアライテントのカヤライズ2だ。蚊帳地のテントで、熱帯域では風遠しがよく大変重宝する。カヤライズで気持ちよく寝られるはずだったが、フィエスタのためにディスコパーティーが広場で開催され、そのディスコ音楽が音量マックスで、これでもかっ！と響いてくる。ゆっくり寝られたものではない。日付が変わるころまでの我慢かと思いきや、何と朝まで響き続けた。

日本では有り得ない。いくらお祭りでも、大音量のディスコ音楽を住宅地の近辺でやられたら、昼間でも多くのクレームが寄せられるだろう。それがフィリピンでは夜通しでもクレームなし。日本なら迷惑防止条例で、音楽は夜の九時までとか音量は何デシベルまでと、細々と規則で決められているのだろう。

この両国の違いは一体何に起因するのか。色々な理由が考えらえるが、一番肝心な点は、集落の各構成員が気持ちの上で繋がっているということではないか。当然うるさくて寝られず、不満に思う人もいるかもしれないが、フィエスタの際だけの問題で、毎日続くものではないから、住民が楽しいのであるなら、ここは少し我慢をしようと。フィエスタは集落全員のもの、という思いが共有されているのだろう。要は心の余裕だ。

図15　豚の屠殺（八幡撮影）

翌日十五日は四時半起床。朝から晴れ。海もこの上なく静かだ。しかし、この平和な静けさは、すぐに吹き飛ばされた。フィエスタのごちそう用に屠殺される豚の断末魔の悲鳴が、断続的に近隣の家々から聞こえてくるのだ（図15）。集落中が彼らの悲鳴で満たされる。一時だけなら耳を塞いで、その悲鳴が消えるのを待てば良い。しかし、ずっと耳を塞いでいるわけにもいかない。その場から逃げ出し、市場に出かけるが、そこには先ほどまで生きていた豚さん達の哀れな頭や脚が吊り下げられている。もし生まれ変わるとしても、人間に食べられる動物だけにはなりたくない。

私以外の三人は、それぞれ子供達にタガログ語を習ったり、サッカーをしたり、ビデオ映像を撮ったりしていたが、そのうちに、近くの家の屠殺現場へと見学に行ってしまった。この屠殺の状況を、子供達も輪になって眺めている。日常の光景の一つなのだろう。私は行けなかった。

そんなことでは畜肉を食べる資格はない、と言われるかもしれない。自己矛盾そのものだが、現状では自分で殺して食べるつもりはないが、もらったものや売っているものは食べたい。それも許されないなら、魚を食べる。魚類は系統分類学的にヒトから最も遠い脊椎動物であるが、命有るものとして殺めることに良い気はしない。しかし、親子の情愛等個体間の心理的なやり取り等は、人間と共有する部分が相対的に少ないと思うため、殺すことにそれほど罪悪感を持たずにすむ。

この問題は突き詰めていくと、人肉食が何故いけないのか、というところに至るのか？　単純に同じホモ・サピエンスという哺乳類の一種として、生物学的に肉体構造が同じであり、それに基づく精神構造の基本を共有し、極めて類似した感情を持っていると考えても良いはず。従って、殺される側の気持ちを容易く推測できる。殺される側の感情を想像できると、殺すことに対するストレスは、通常耐えられるものではない。

フィリピンはゲイの多い国だ。都会や大学で多くのゲイの人達をみてきた。社会的にゲイは認知されており、ゲイの国会議員や大学の学長もみられる。ゲイであることを表明しやすい環境が既に整っている。その多さは、都会という環境と何らかの関係があるのかと、ぼんやり思っていた。ここカブカブのフィエスタでは、トラックの荷台を飾り付け、そこに人を乗せて回る小さなパレードがあった。その一つに女装したゲイ（バクラと呼ばれる）二人が乗り、にこやかに手を振っている。さすがにゲイの多いフィリピンだと感心しながらテントに戻ると、今度は太い声の日本語が聞こえて来た。

「あんた達、日本人？」

声の方をみると、骨太の胸の大きな大柄な「女性」がこちらを向いている。同様な「女性」を二人程引き連れて。近くに来たので顔をよく見ると、顎に太い髭が生えているではないか。ただ存在感が半端ではない。東京の板橋と福岡の黒崎に長くいたとのこと。水商売も含めて、あらゆる面での日本とフィリピンとの関係の深さを伺わせる。二〇〇四年に、アメリカ政府から日本政府にクレームがつけられるまで、多くのフィリピーナが来日していたそうで、どこで彼女達に出会っても不思議ではない。それを証明するように、これから訪問する小さな村々で、彼女達に出会うことになる。

カブカブはフィエスタなので、そのごちそうのお裾分けを、ニッパ椰子の色々な家屋でごちそうになった。ほとんどが今朝まで生きていた豚の新鮮な肉だ。しかし、食べるとおいしいのです。困った生き物です、ホモ・サピエンスは。夜になると、海岸に蛍が舞っていた。

ここでも四人の漁師に質問をした。うち一人は四十歳前後の女性だ。ここの漁師は主に網でアジを、曳き縄でカジキを狙うという。朝は無風だったが、九時過ぎになると風が出始めた。今夜もディスコ音楽は「満開」状態を維持し、翌朝の出発時にもまだ響き続けていた。

21　パナナオガンへ

十六日日曜日四時起床。晴れ。クラッカーで朝食を済ませ五時過ぎ発。海は静かだが、十時過ぎから少し風が出始める。やはり早朝が気象としては安定している。今回も私は八幡とペアを組む。途中、八幡から漕ぎ方の手ほどきを受け、少し漕げる様になった気分。運天も指導を受け、スピードは速くなったようだ。八幡から、熱帯島嶼では椰子の樹が生えたところは、人間が周辺に住む場所である等を教わる。

岸にはフィリピン人向けのリゾートホテルが立ち並び、それらを左に見ながら島の南西端のビラク岬を過ぎ、カブガオ湾に入る。カタンドアネス島はサーフィンで有名だが、確かにリーフエッジのサーフが大きく、サーフに近づくこと自体恐怖を感じる程だ。島の中心都市ビラクの沖を通過し、島の南東端付け根にあるパナナオガンに十一時五十分に上陸した（図16）。所要時間約七時間。腰が疲れる。

図16　パナナオガン遠景（運天撮影）

ここパナナオガンは、昨年十一月の予備調査の際にバンカで訪問した場所だ。しかしカヤックで来ると、同じ場所とは思えない。エンジン付きのバンカの場合は、沖から高速で浜に向かうが、人力で岸をゆっくり舐めながら、時に岸辺で煙が上っておれば、その煙の元ではどのような生活が営まれているのか、等々を想像しながら目的地に近づく。両者に差がない方が不思議だ。陸上で、同じ道を車で行くのと歩いて行くのでは、そこから得られる情報の質と量に違いがあるのと同じだ。

野菜スープ、サラダ、ご飯で昼食を済ませる。ＢＣから紹介してもらった二人の漁師に話を聞く。ラゴノイ湾という内湾に面したカブカブとは異なり、太平洋に近いパナナオガンでは網漁は行っておらず、釣りによりカジキやシイラ等青物を狙う。

夜は3 Sisters Video & Restという簡易ホテルの庭にテントを張らせてもらう。夜空には月の上に金星が輝き、その後両者は重なり金星食となった。午後八時半にテントに入る。明日からフィエスタ本番。ディスコ音楽は、ここでは日付の変わるころ収まった。

次の日はゆっくり五時半起床。朝から東寄りの風が吹く。パナナオガンは今日がフィエスタ本番で、朝から豚の悲鳴が街中に満ちている。

朝から八幡と話をする。これまでにやってきたGreat Seaman Projectも終盤に入り、小笠原―八丈間や北マリアナ諸島を渡る計画もあるらしい。黒潮が流れてないので、その意味では楽らしい。八丈島から単独で本土まで渡ったのは、江戸時代に流刑人が一人と後は八幡、計二人だけだそうだ。八丈島から逗子に向かう途中で海が荒れ、仕方なく御蔵島に緊急避難したが、島の人達から不審がられ、荒れた海に再度漕ぎ出し、三宅島を目指さざるを得なかった話等を聞く。この御蔵島追い出され物語、色々な意味で大変面白い内容だ。聞けば聞くほど、八幡はよくいる日立ちたがりやの自称冒険家とは決定的に違う。

ほとんどの冒険家は、誰もやったことがない目標を達成することに価値をおき、その実現に向かって進む。それによりマスコミの注目を浴び、本を出版し、社会的評価とスポンサー企業を得て、生活を維持していくことを期待する。客観的にみると、何でこれだけの実績で「冒険家」と呼べるのかと、首を傾げたくなる冒険家も多い。アウトドア好きの普通の「おっさん」が、自称冒険家となってしまう。中には、実際はやってないことを実施したことにし、それを世間には伏せたまま業界のボスになっている人もいるようだ。

八幡はどうか？　他の人には真似のできない凄いことをやっているが、自身では冒険をやっているという意識はない。「海洋冒険家」と名乗るのは、説明すると長くなるので、一応そうしているだけだ。海に生きる人達の生活を知りたいだけで、そのための道具としてカヤックを使っているだけだ。シーカヤックに対する特別なこだわりもない。こだわる点は、命を預けるに足る強度を、そのカヤックが有しているかどうかのみ。

正午前、運天と大貫がヤスを持って魚を獲りに沖に向かう。できるだけ自給自足で、という今回の遠征の原則のためだ。彼らは夕方五時前に手ぶらで帰って来た。魚が殆どいないという。「黒潮源流域」という言葉からは、「未開の処女地」というイメージが頭に浮かぶ。魚が溢れているだろう、という出発前の勝手な予想は、間違っていたのかもしれない。この予想は旅が進むに連れて、確信に変わっていく。

夕食は、野営地の裏にあるＢＣのお宅でごちそうになる。鉄筋二階建の凄く立派な家だ。一階ロビーに料理が並べられ、バイキング形式で自由にとって食べる。豚の角煮、マカロニサラダ、豚のアドボ、牛筋スープ等を頂く。豚の血の料理もあるが、何となく手を出しにくい。

八時にテントに入るも、漁師の神ラファエルのフィエスタが今日から始まり、途中降雨や停電のために中断はあったが、ディスコ音楽は三時半まで続いた。

22 ベンティカヤンへ

五月十七日午前五時パナナオガン発。天気晴朗。カタンドアネス島東南端のナグンブアヤ岬を越えたところで、丁度水平線から朝日が昇り、そのオレンジ色の美しさが心に染みる（口絵3）。うねりが徐々に大きくなる。

ラゴノイ湾とマヨン山に別れを告げ、正真正銘の太平洋に出たのだ。ここは北赤道海流から黒潮に変わる分岐点に当たる。これからは黒潮が直接流れる海を漕ぐことになり、それだけでワクワクする。ここから日本へは黒潮で繋がっている、というイメージが頭の中に広がり、急に日本を近くに感じる。

少し沖に出て漕ぐのをやめ、カヤックが流されているかをみてみるが、全く動いていない。釣りをする手漕ぎバンカも二、三隻見られ、潮の流れが速くないことをうかがわせる。彼らも黒潮源流域に生きるGreat Seaman 達だ（図4）。この近辺には砂浜もなく、村もみられない。

四時間ほど漕いだだろうか、やっと白い砂浜のリゾートらしき建物が左手に見えて来た。その横に集落があり、そこに上陸する。太平洋に露出したロケーションだ。ダチョウの卵大の丸石でできた急な浜にはバンカが並び、丸石の上にはカラバオ（水牛）の糞が落ちている。浜を登ったその上に、ベンティカヤンという街の家並みがあった。

魚の行商のおばさんに聞くと、トビウオ一キロ二十五ペソ、一尾五ペソくらいか。ちなみにコカコーラの大ビン四十五ペソ。ベンティカヤンからの海岸の景観は、どこかバシー海峡に浮かぶ、バタン島の東海岸を彷彿とさせる。バテバテ状態だが、今回は私が昼食のおかずを獲りに、ヤスを手に海へ入る。

ここで少し説明が必要かもしれない。私はスキンダイビングについて素人ではない。鹿児島大学水産学部の学生時代、「海洋生態研究会」というクラブに所属し、毎日曜日は桜島を中心とした鹿児島県内で、また夏休みは沖縄の座間味、鳩間、粟国等の島々で、一カ月にわたる潜水合宿の経験をもつ。また高知大学の教員時代には、学生のシュノーケリング実習を担当した。

サンゴ礁のリーフ内では、普通は周りに魚が見えるものだが、ここではガラーンとして魚がいない。出演者のいない舞台を見ている感じだ。これには実際驚いた。二時間の水中労働で獲物はゼロ。そのため昼食は、ご飯と野菜スープのみの寂しいものとなってしまった。私も疲れたが、それでも八幡からは、

「何故突けないのか、その理由を考えて下さい」

と言う容赦のない言葉をもらうこととなる。

「魚がいいひんのに、どないして獲ったらええねん？　自分で行ってみいな！」

と心の中では答えるが、声には出さない。鬼軍曹が怖いというよりも、彼の「考えて下さい」という言葉の意味が、普通の意味ではない様な気が何となくするからだ。

午後になると、バッドボーイと呼ばれる六十歳前の男性が、ミーカガン（沖縄の木製枠の水中眼鏡）と水中銃、円形のベニヤ板でできた自作のフィン、それも片足のみ、を持ち海に出た。夕食のおかず獲りだろう。彼は丘の上でカラバオの飼育をしており、農業の合間に水中銃片手に海に出る。彼は潜水漁に関してはプロのはず。この魚影の薄い海で、果たして何を突いてくるのか、大変興味があり彼の帰りを待った。一時間ほどで彼は帰ったが、獲物はブーレ（スワヒリ語で、何もなし、無駄、という意味）。

彼について行った八幡の話によると、片足だけにフィンを着けるのは、それなりの理由があるとのこと。波の影響のあるところで素潜りをする場合、波の中で身体を静止することは至難の技になる。その様な場所で身体を安定させるために、フィンを履いていない足で岩を掴むというのだ。なるほど。私の経験からも、水中で身体を安定させたい場合は、片足のフィンを強く岩等に押し当てることが多い。

リーフ内には魚がいないことがはっきりしたので、午後五時前にヤスを持ってリーフエッジから外に出てみた。辺りは暗くなりかけている上に、礁縁で砕ける波の泡で何も見えず、波に転がされかけたので岸に戻る。その時も八幡から、

「何故戻って来たのですか？　これくらいの状況ならまだまだやれますよ」

とにかく八幡の激励は厳しい言葉となる。目的を貫徹するために、もっと頭を使え、との御沙

汰だ。

夕食のおかずにと、タコの煮物をバッドボーイさんの奥さんから頂く。ありがたや。午後八時就寝。

翌日十九日は晴れ。日の出は五時十五分。東の水平線に美しい朝日が昇る。自然と拝みたくなる。バッドボーイさんは、山刀を持って丘の上にカラバオの世話に行く。

ボンという名の、酒を飲み過ぎて崩れかけた顔をした、五十歳ほどの男性が話しかけてくる。彼は若い頃マニラで暮らし、裏社会で生きてきたとか。その際、日本の裏社会とも関係があったそうだ。彼の話では、次に訪問予定にしているパネイ島という小島には、新人民軍がいるとのこと。八幡は行ってみようという。そもそもボンさんの話がどこまで信用できるのか。

八時頃、バッドボーイさんが魚を突きに行く。今回は前の浜ではなく、北にある岬の向こうだ。八幡らが同行した。十時半に戻るも、獲物はなし。八幡の話では、確かに水深十メートル以浅では魚は少ないが、十五メートルまでいくとチョウチョウコショウダイやアヤコショウダイ等がいたそうだ。少し練習し耳抜きができるようになれば、誰でも十メートルまでなら潜れる様になる。従って水深十メートルまでの浅所は、既に獲り尽くされたのであろう。これが黒潮源流域のリアルな現状だ。ちなみに八幡の意見としては、ヤス先は土佐銛、フィンはワープがベストとのこと。

昼食はラーメンご飯に、バッドボーイの奥さんから頂いたマルンガイの葉のココナッツミルク煮だ（図17）。マルンガイとはフィリピンの庭によく生えている木で、我が国ではモリンガと呼

図17　ベンティカヤンでの昼食

ばれる。その薬用効果から「奇跡の植物」として知られる。
テントの近くで子供達が遊び始めたので、それを眺めていると、小学生であるが既に仕草がゲイ風である男の子がいる。周囲も彼に対する対応を、普通の男の子とは違えている様にみえる。

午後三時にリベンジのつもりで、ヤスを片手に再度海に出た。短パンのポケットに水中用カメラを入れていたのだが、頭を下にして潜っていく際に、カメラがポケットからスルリと抜け、水深十メートル辺りに落ちて行った。落ちた場所を確認したつもりだったが、そこには木の葉等のゴミが多く集まっていた。八幡にも手伝ってもらい繰り返し探したが、見つけることはできなかった。記録機材として大変重要な水中カメラを遠征初期に失った。情けないこと、この上なし！

夕食はトビウオの煮たものと、サギンの芽のフライ。夜になると蛍がどこからともなく現れ、テントの周りを飛ぶ。太平洋戦争の際にルソン島で亡くなった日本兵の魂の様に思えるのは、高倉健主演映画「ホタル」を見たからだろうか。

ここルソン島を中心に、フィリピンでは太平洋戦争で約五十二万人の日本人が亡くなった。私の故郷京都編成第十六師団も、昭和十九年十月にレイテ島にて全滅している。レイテ戦の悲惨さは、大岡昇平の「野火」等の小説に描かれている通りだ。父山岡亮一は昭和十三年から十七年までの四年間、この第十六師団第九連隊に所属していたため、主隊と行動を共にしておれば、フィリピンで戦死していたはずだ。そうであれば、今の私はこの世に存在しない。

何と表現したら良いのか分からないが、再応召しフィリピン方面軍独立混成第六十一旅団に所属しながら、幸運にもたまたま生き残った父親の復員後に生まれた子供の一人として、不幸にもフィリピンで戦死した日本人兵士が見たであろう山野や海を、この目で見てみたいという気持ちが強い。

山岡亮一の息子としてではなく、フィリピンで戦死した若い兵士が、もし生きて帰国して結婚し、生まれていたであろう子供と同年代の一人としてである。戦死した人々と時間的要素は共有できないが、空間的要素は一部共有できるのでは、との勝手な思いがある。

五月二十日四時起床。晴れ。バッドボーイの奥さんに私の日本の住所と千ペソを渡し、もしカメラが見つかった場合は送って欲しいと依頼する。

23　ソボックへ

五時十五分ペンティカヤン発。北へと針路をとり、島の東端の岬沖で流れを測るも全く動いていない。ここでは黒潮はまだ海面には顔をださず、深く静かに眠っているようだ。

北に向けて漕いでいると、海面でバンカを曳きながら漁をしている四、五人の一団と出会った。何をしているのか尋ねると、疑似餌のジグを使ってタコを獲っているという。水深は十メートル前後あり、この深さで素潜り漁をしなければタコが獲れないのかと驚く。浅場でのタコ資源が、既に枯渇していることを示している。

北方にパネイ島が見えて来た地点に、点在する岩によるロックガーデンの様な美しい場所があった。その岩の間の浅く美しい夢の様な空間を抜け、南に深く切れ込んだ細い入り江のソボック湾に迷い込んだ。波とうねりはなく、まるで静かな湖の様な所だ。四時間ほど漕ぎ続けているので身体は疲れているが、こんな平和で美しいところにくると、自然に力が回復してくる。二艇で競争してみたい様な遊び心さえ湧き出てくる。大声を出し、年甲斐もなくはしゃぎたい気分になる。

九時四十分、湾の最奥ソボックの静かな砂浜に上陸（口絵4）。ここは人口四百ほどの小さな集落だ。ＢＣは留守で、そのお母さんに面倒を見てもらうこととなった。昼食は茄子の揚げ物、カジキをトマトや獅子唐、ナガインゲン等と煮た物、アジの唐揚げ、それにご飯を頂いた。

家のロビーで昼食を頂いていると、若い女性が出入りする。お母さんの娘さんが日本人と結婚し、生まれたお孫さんだ。名前を「はるみ」といい二十三歳。彼女の友達のオデッサも一緒だ。彼女は二十一歳。はるみさんはマニラの発電所で働き、休暇で帰省中なのだ。恋人募集中とのことで、冗談で運天を紹介した。早速運天とはるみ、それにオデッサの三人で、漁師に対するヒアリングに出て行った。八幡らは子供達に連れられ、山の滝に遊びに行った。帰って来て話を聞くと、この山の滝はゲイの人達のたまり場で、あたかも「ゲイの滝」だったとか。

以前アジアコウイカの左右性（右利きか左利きか）を調査するため、毎年フィリピン中部ビサヤス地方パナイ島イロイロ市郊外にある、フィリピン大学ビサヤス校を訪問した。そこで知り合った女子学生から聞いた話では、彼女の所属する放送マスコミ学科一学年二十名のうち五名が男性だが、その内「real male」（本当のオス）は一名だけで、残り四名はゲイとのことであった。

前京大総長の山極寿一さんから、彼がまだ大学院生の頃、類人猿のゴリラにもオカマちゃんがいる、という話を聞いたことがある。人間に近いゴリラにオカマちゃんがいることを考慮すると、ゲイという存在は生物学的には普通のことなのであろう。

図18　ソボック出発前の食事

夕食はヒメダイ系の魚のトマトソース煮。大変おいしい。四人の食事をお世話になった謝礼として、五百ペソをお母さんに渡す。その後運天とはるみはどこかで単車を借り、隣町のフィエスタに遊び行った。

ここソボックもそうだが、フィリピンの海岸の集落は、高い建物がほとんどないためか、海岸の椰子の樹に隠れて、海からは少ししか家並みが見えない。上陸して初めて、そこにかなりの人々の生活があることが分かる。また、はるみさんの例でも分かる様に、そこには日本の陰が色濃く残っている場合も多い。こんな田舎に、と驚くが、それほど日本とフィリピンの関係は深いといえる。フィリピン、日本、台湾は「黒潮三兄弟」

なのだから、さもありなん。

五月二十一日晴れ。今日は遅めの出発予定のため、四時半起床。八幡は昨日、「ゲイの滝」にサングラスを忘れたとのことで、それを探しに行く。はるみさん一家が、ガザミの蒸したものやコーヒーを持って来てくれる（図18）。それらを頂き、八時過ぎにソボックに別れを告げる。次の目的地は、ソボック湾を出たところにあるパネイ島。ベンティカヤンで新人民軍の噂を聞いた島だ。

24　パネイ島カブシエ

パネイ島の情報は全くない。まずはローカルリゾート海岸に上陸し情報を得ようと試みた。しかし、そこに上陸するには各自百ペソ必要とのこと。漁村訪問が目的なのでそこには上陸せず、少し戻ったカブシエという小さな集落に上陸する。ただ一見したところ、数戸しか家屋はみえない。電気もない。ＢＣも遠くの集落に住む。古い丸木舟が四艘みられ、それに乗って子供達が遊んでいる（図19）。バンカばかり見て来た私の目には、原始的な丸木舟はとても新鮮に映った。調査をしてみたい、という気を起こさせる集落だ。しかしこの段階では、まだそこで調査を行うには調査許可が必要だと考えていたため、一旦島の北岸の西方にある無人の砂浜に上陸することとした。

その浜に向かう途中八幡から、

図19　丸木舟と少年

「なぜ他の場所に行くのですか？　ここをやらないと来た意味がないでしょう」との強い意見。八幡は正論を述べることが多い。今回も八幡は正しいと思うが、ＢＣの調査許可が得られない。そこで、調査で用いる質問票を使わずに住民と話をしてみる、ということで十二時半にカブシエにもどる。

サギンとココヤシを百ペソで購入し、東屋で住民と四方山話をする。ここの漁師には女性もいるという。近くで酒（ジン）を飲んでいる三人の男性は、隣村のパレスチナから来た漁師だとか。沖では釣りをするが狙いはカジキではなく底魚、岸近くでは網とヤスを使うとのこと。

無人の砂浜に戻り、リーフエッジで夕食用の魚を狙う。ベンティカヤンよりも魚影は少し濃いが、結果はゼロ。そこでリーフ内に多くいるウニを採集し、それでウニ丼を作って食べる。リーフ内にはアマモ場が見られ、アミアイゴ *S. spinus* 稚魚の群れが観察された。八時就寝。

五月二十二日二時半起床。五時前パネイ島発。リーフエッジのすぐ外で、丸木舟に乗り朝日を浴びながら刺し網を揚げる漁師がいた。数十メートルの底刺し網二枚を揚げたが、網にかかっていたのはカスミアジ一尾のみ。黒潮源流域の磯魚資源の厳しい現状、そのものだ。

南からのうねりに乗り、快調にカヤックは北へと進む。私の後方でリズム良く繰り返される八幡のパドルの音も快調そのもの。八時にカタンドアネス島北端ヨグ岬通過。この頃、運天が腰の痛みを訴え、ゆっくりと南西に針路をとる。

25　カタンドアネス島バログニョナン

島の北西角に西に開いた深い入り江があり、その奥にある集落バログニョナンに十時に上陸。人口が約五百のかなり大きな集落だ。ＢＣに会い調査許可を得てカヤックに戻ると、八幡が不機嫌そうな顔をしている。いつも出発前の朝は無口で不機嫌そうにみえる八幡だが、普通は暗い人間ではない。この不機嫌の意味は、次の日に明らかとなる。

ここには宿泊に適した場所が見当たらない。そこで、湾口の北側にあり、十数匹の子豚が走り回る数戸の集落に移動し、そこでテントを張ることにする。午後二時前から二時間半、魚獲りを試みるもまたまたブーレ。アマモ帯が発達し、アイゴ類の稚魚はかなり見られる。ハマサンゴ類のマイクロアトール（直径数メートルの円柱状の群体で上面は干潮時に干上がる）がよく発達するも、魚影は相変らず薄い。

住民の方からミナミイスズミ?を頂き、それを私が捌いた。それを上から眺めていた八幡から、大きな笑いが降ってきた。笑いの原因は私の捌き方にあった。私は博士論文研究で、長い腸管を持つタンガニーカ湖産植食性カワスズメ科魚類の腸管の巻き方、およびその個体発生過程を調べた。従って腸管を無傷で取り出せる解剖方法が身体に染み付き、ここでもその方法を無意識にとった。頭を左に置き、まず左体側の内蔵の入っている部分の筋肉を切除する。それが八幡にとって面白かった様だ。

ここで寄り道して、魚の腸管の長さと体形の関係について一考察。植物を食べる脊椎動物は、魚類を含めて一般に長い腸を持つ。私が直接調べた仲間でも、体長の十倍程の長さの腸管を持つ種もみられる。消化しにくいセルロースを消化・分解・吸収するためだ。腸管内に長時間食物を留め置くために、長い腸が必要となる。ただ長い腸管を体内に収容するためには、腸管が伸びたままでは、体形がウナギの様に細長くなり、色々な環境に適応できなくなるため、塊にして腹腔内に上手く収める必要が生じる。

腸管をロープと見なし、長いロープをラグビーボール様の容器にすっきり収めるイメージだ。狭い空間にすっきり収納するために、生物種はそれぞれ決まった巻き方を進化させた。一般論として植食性の程度が高いと腸管が長くなり、その結果腸管の塊は大きくなる。即ち大きな腹腔が必要となり、腹部の体積が大きくなる。

魚で腹部のみ突出させると、水中で流体力学的にみて抵抗が大きくなるため、それを補正する必要が生じる。そこで体全体の高さ（体高）を大きくし、腹部の膨らみを目立たなくし流線型を維持する。進化の中で、魚の体形を決める要素（選択圧）は食物以外にもあるのは当然だが、軟骨魚類、イワシ類、ウナギ、ダツ、サンマ、アカヤガラ、トビウオ等の様な細長い魚や、外洋を高速で泳ぐマグロ類やブリ類等に植食者はみられない。アユの様な例外もみられるが、それはそれで進化学的・機能形態学的研究対象として大変興味深い。

横道から本街道に戻ろう。内蔵を取ったミナミイスズミを焼き、スパゲッティで夕食を済ます。明日から八幡ではなく、運天とペアで漕ぐことになる。この遠征は私と運天が中心であり、その二人が力を合わせて進むのが原則という点と、太平洋の東からの波を直接受ける海域を過ぎたという点から、その様に八幡は考えたのだろう。疲れも溜って来たので秘蔵の「スーパーユンケル」を飲み、八時前に就寝。

26　ポロンポン島パロンバネスへ

五月二十三日三時半起床。南寄りの風が弱く吹く。五時カタンドアネス島に別れを告げ、マクエダ海峡を横断し、パロンバネス諸島ポロンポン島に向かう。途中、大きな生き物が海中でのたうち回っているかのように海面が激しく動き、カヤックの底からも海水の突き上げる動きを感じとれた。海水の動きを底から感じたのは、これが初めての経験だった。さすがに海峡は潮の動きが激しい。

ポロンポン島だが、事前のフィリピンでの情報やグーグルマップの像から、無人島と判断していたが、東向きの長い砂浜には多くの家屋が並んでいる。集落が大き過ぎる様なので、島の西岸に回り込み、七時に無人の美しい白砂のビタオッグ浜に上陸。砂浜には人の足跡もない。

浜辺で休んでいると、大型のバンカが一隻、多くの人を乗せて浜に上陸してきた。何事かと思っていると、向こうから話しかけてくれた。彼らはカタンドアネス島西岸の街からの遠足の団体で、一時間かけて到着したとのこと。餅米のご飯と水をお裾分けで頂く。フィリピンの人たちはどこでも、訳の分からない外人である我々に対して優しく接してくれる。

隣に座り食事を取る八幡から、次の様な話があった。

「先生、この旅は漁師の本音を聞くことが目的の中心ですよね。本音を聞くためには、まず漁師に気心を許してもらう必要があります。

先生は目的地に着いたら、まず集落の長に調査許可をもらいに行きます。その長から、すなわち上の立場の人から調査に協力しろ、と言われたら、一漁師の立場としては協力するかもしれません。しかし、それでは上から言われたから仕方なく、という側面を払拭することはできません。本音が聞けない場合も出てきます。

そこを乗り越えるために、我々は非効率なシーカヤックを用いているのではないのですか？本当に漁師の本音を聞きたいのであれば、ＢＣの許可を得るよりも、行き当たりばったりの漁師との出会いを大切にした方が良いと思います。大学教授のレターなど見たら、普通の漁師は引きますよ。本音どころか、羽織袴をはいた公式の答えしか返ってきません」

目から鱗、というのはこのことだろう。これまでの海外調査の経験から、集落の長に調査許可を得ることに何の疑問も持たず、金科玉条の如く扱ってきた。八幡の一言で目が覚めた。

八幡のやり方は、彼がこれまで日本という国家や特定の組織とは全く関係なく、孤立無援の一人の人間として、自由に旅して来たことと深く関係しているのだろう。それとは対照的に、私はというと国や大学という強大な組織をバックに調査をして来た。この方法は、人間を対象としない自然科学的野外調査であれば、それなりの必然性はあるだろう。そうしないと、その国や地域に固有な生物資源を許可なく採取し、結果的に収奪に繋がりかねないからだ。しかし、調査研究対象が人間の場合、話は全く別だ。人間は心を持つため、調査する側と調査される側の間に信頼関係がないと、まともな学術情報は得られない。迷惑と感じる人がいても不思議ではない。

こういう状況での、人間の心理的側面についてみてみよう。例えば、あなたが調査される側の立場としよう。徒歩とかカヤックなど人力で苦労して来た人と、車やエンジン付きのボートで来た人とを比べた場合、どちらの人に対して優しくなれるであろうか。トヨタランドクルーザーや豪華なモーターボートで家の横に乗り付け、

「あなたの収入を教えてくれませんか?」

と言われて、

「はい、年収二百万円です」

とすぐに答える人がどれだけいるだろうか。

「なんであんたに教えなあかんの?」

とほとんどの人は思うでしょう。もし答えるにしても、適当な数字で誤摩化したりするかもしれない。しかし、そのいい加減な数字を基に、大学の先生は極めて厳密な数理統計分析手法などを駆使し、学会誌に難しい論文をどんどん発表し、業績をあげ出世していく。しかし、これ、どこかおかしくないですか? 不正確な数字を基に作成された経済分析や理論など、たとえその分析手法がどれだけ厳密なものであっても、百害あって一利なしの典型そのもの。

四国のアイデンティティー「お遍路」も、同じ様なものではないのか。一周千キロ以上の行程を、徒歩で踏破してこその「お接待」でしょう。今では車で巡る人も多いけれど、お接待する側からすると、一人しか「お接待」できない場合、車の人か徒歩の人か、どちらを接待するのか、という問題です。普通は、相手の苦労や疲れを慮り、徒歩の人を「お接待」するのではないか。この意味で、我々は黒潮源流域の海を「お遍路」している様なもの。訪問する対象が寺から漁村に変わっただけ。だからフィリピンの漁師は、我々よそ者にも優しいのかもしれない。

この五月二十三日以降、私はBCに挨拶に行くのを控え、必要がある場合のみ訪問するスタイルに変更した。ニエベス学部長からの「レター」も、必要な場合以外こちらからは見せないことにした。

人間が生活していないと話にならないので、島の東海岸の集落に移動する。九時前にパロンバネスに上陸する。人口千二百十、世帯数約二百五十戸。大きな街で立派な教会もある。フィリピン国内で「秘境カラモアン」と呼ばれる地域の中でも辺鄙な島なので、これまで日本人は戦時を除いて来てないものと推測したが、日本の植林NGOが何度も訪問し、基地としての家まで建てていた。島全体は到底植林が成功しているといえる景観ではないが、島民は日本人に慣れており、我々は大いに歓迎された。聞き取り調査票も漁師に配布してもらい、多くの情報が得られた。

大きな集落であるためか、バンカを作っている工房もある。一艇作るのに約二週間かかる。活魚を生かしておく陸上のコンクリート水槽もあり、ラプラプ（ハタ類）など高額の魚は、活魚の状態でタバコに運び売る。

ラプラプなどを獲るために、フーカー潜水やシアン毒漁も行われている。これらの漁法はフィリピンでも違法なのだが。明日その違法なフーカー潜水漁に連れて行ってもらえる様に話をつける。フーカー潜水とは、船上でエンジンを回し、圧縮空気をビニールパイプで水中に送る潜水方法だ。一般的なスキューバ潜水では、充填された圧縮空気の入った重たいタンクを背負って潜水しなければならないが、フーカー潜水の場合はその必要がない。

午後四時前、十数個体の大型魚の水揚げがあった。ロウニンアジ、シロクラベラ、フエフキダイ類、イットウダイ類、コショウダイ類、フエダイ類、ハタ類、それとサメ類だ。サメは鰭を切り取っている。乾燥させて中華料理用に売るのだろう。四キロほどのコショウダイ類を購入し、夕食用に料理をしてもらった。スプライト一・五リットル瓶六十ペソ也。

午後八時にテントに入ったが、我々に関心を持つ島民が近くに来て話を始め寝られない。テントを移動させるが、移動させたところについてくる。元の場所に再度移動し、その日の内に何とか寝付けた。

五月二十四日五時起床。六時フーカー潜水漁に同行する。八幡は風邪のため休養し不参加。バンカ二隻による漁だ。砂浜を出て島の北側で漁を行う。各艇には三人が乗船する。一人が船上要員で、操船や送気装置の確保を行う。残り二人が漁師で、交代で水中に入り魚を追う。送気パイプは普通の直径一センチ程、半透明のビニール製。これをお腹の部分で一回り巻き、首の後ろを回しその先端を直接口にくわえる（図20）。日本のフーカー潜水装置に見られる吸気口にある気圧調整装置はない。

水深十五メートル程の魚場二カ所で漁を行った。イットウダイ類やテングハギなどを突いている。私自身もパイプをくわえて潜ろうかとも思ったが、少し不安を覚えやらなかった。これは今でも後悔している。こんなことができる機会は人生に二度とない。

漁を終え、昨日の朝最初に上陸した西岸の砂浜に再上陸し、獲れた魚や貝などを焼いて昼食とした。漁師四人が三時間程フーカー潜水で漁をして、得られた漁獲物は小型の魚が十尾程、シャコガイが三個のみ（図21）。この数字は信じられない程少ない。プロの漁師が潜水器具を使って潜り、一人二尾くらいしか突いてないからだ。沖縄でなら、素潜りでも最低その数倍は突けるだろう。黒潮源流域では磯魚資源が既に枯渇している。

図20　パロンバネスの潜水漁師

十時頃パロンバネスに戻る。元気になった八幡を含め、昼食をはさんで三時くらいまで話す。その中のテーマの一つは、どうすればシーカヤックをもっと広く知ってもらえようになるのか？日本では、むくつけき親父達が、上陸後の冷えたビールを楽しみに漕いでいる、というイメージが強い。これを壊さないと、シーカヤックの未来はない、という意見で一致した。今後は若者と女性、それとファミリーという、明るい要素を何とか組み込む必要があろう。

図21　潜水漁の獲物

それも御尤もなのだが、シーカヤックの持つ特徴が正当に評価されれば、自ずと身近な存在になっていくのではないだろうか。その特徴とは、海の状況を最もダイレクトに受ける乗り物ということ。波、うねり、風向、風力、潮流、干満、雷、地震（津波）、雨、霧、水温、岸の状況、それに自分の肉体の力等々、考慮しなければならない自然の要素が頗る多い。自然の一部である自分の肉体も含めて、それらを理解していないと命を落とす可能性が高くなる。

いくら自然科学が発達したとはいえ、自然は人知の及ばない存在であることに変わりはない。しかし安心・安全・効率・便利という価値観で固められ、またそれを具現化した都会では、知らず知らずの間に、自然という存在を忘れがちになる。何でも人間の思い通りになるものと錯覚し始め、傲慢な考えに陥るのではなかろうか。それに陥らないためには、生の自然に身を置く機会を持つことが必要で、その目的のためにシーカヤックがピッタリの道具ということだ。原発推進賛成の人達の考え方も、突き詰めていくと、人間がこの世の全てをコントロールできる、と錯覚するところに至るのではなかろうか。

食費とフーカー潜水見学代金合わせて二千三百五十ペソを支払う。内訳は、食費とバンカの燃料代計千五十ペソ、漁師五人に各二百ペソ、傭船費三百ペソ。日本の感覚では極めて安いが、一カ月の漁業の収入が千ペソから二千ペソの世界では、少し高めかもしれない。

今夜はテントではなく、浜にある竹でできた風通しの良い集会所で寝させてもらう。床も竹でできており、人の動きなども敏感に感じる。午後八時に寝始め、〇時十六分揺れを感じて目が覚める。地震で津波が発生すれば、海岸の我々はひとたまりもない。しばらく海面の変化を観察したが変化なし。波の静かな海に月光が反射し、平和そのものの風景だ。それでも心配になったので、ビコール大学の大学院生であるレナン君に電話し、地震情報を調べてもらった。地震は起こってないとの報告を受け、やっと安心して寝付けた。本当に小心者だ。

27 ラフイ島リパタ

五月二十五日四時半起床。目玉焼き、パン、コーヒーで朝食を済ませ、六時ポロンポン島発。島の北を通り西に向け漕ぎ進む。南寄りの風があり、北に少し流される。八幡からは、

「前方の目的地ばかりを見ていては、流されていることは分かりません。常に後方のランドマークを確認し、艇がその直線上にあることを頭におき、流されない様に漕ぐことが大事です。他のカヤックとともに漕ぐ場合は、常に周りのカヤックの状況を確認しながら漕いで下さい。後方を振り返る場合は、首を回す際に平衡感覚を失う場合があるので、注意する様に」

とのアドバイス。西にはルクスヒン諸島があるはずなのだが、全く目視できない。高い山のない平坦な島なのだろう。山があると、その頂上付近に雲が沸き、遠方からでも目視し易くなるの

だが。

バソット島の北を過ぎ、十時にラフイ島の北西部の湾に入り、最奥部のリパタという小さな集落の砂浜に上陸。湾口の部分では、荒れ地の草木が激しく燃えていた。焼き畑だろう。

いかにも貧しい村という佇まいだ。ここにもやはり日本語の話せるおばさんがいた。マニラの夜の街で働いていたそうだ。下ねたが多い。スプライト五十五ペソ。海の方から「ズシン」という音が聞こえる。ダイナマイト漁の音だそうだ。当然ダイナマイト漁は禁じられている。フーカー潜水漁同様、枯渇した磯魚資源を益々痛めつける結果にしかならないが……。

カタンドアネス島では、フーカー潜水漁もダイナマイト漁も見なかったが、秘境カラモアンではこれら違法漁業が一般的なのか？　水産資源学的に見れば、明らかに「負のスパイラル」に陥り、行き着くところは見えている。しかし、貧しい漁師にすれば、大切な家族を養って生きていくためには、それしか残されていないのだろう。ここでは、八幡の座右の銘、

「潜れる海があれば死なない」

はもはや空念仏か？

この集落、感じがもう一つなので、そそくさと聞き取り調査を済ませ、南に向け移動し、内湾の無人の砂浜に上陸する。砂浜には水牛の糞が転がっているので、人が時には来ていると思われる。到着後、夕食のおかずを求めて海に入るも、やはり魚影は極めて薄い。小型のベラ類やスズメダイ類が磯に見られる程度だ。対照的にやたらとクラゲが多い。一辺十センチ程の立方体の頭を持ち、多数の触手が長く伸びている。魚がいないので、貝採りに目的を変え、岩陰などに行く

と群れになってみられる程だ。触手にはさわらない様に気をつけながら貝を探したが、その段階では何クラゲか分からなかった。小さな巻き貝を十数個採集し戻ると、八幡が、

「ここはハブクラゲが多いですね」

と波打ち際を指差していう。

「エッ、あれ、ハブクラゲ？」

「そうですよ、先生、知らないんですか？」

ハブクラゲのことは八重山に調査に行った際に、新聞などで「ハブクラゲ注意報」などを目にしていた。だが本物は見たことはなかった。あのかたまりになっていたクラゲが全部ハブクラゲ！　まさに、ハブクラゲ、ゲ、ゲ、ゲ！　もしも、あの長い触手に巻き付かれたら、と思うとゾッとする。

「高知大学教授フィィリピンの秘境にて多数のハブクラゲに巻き付かれ頓死」

冗談の様な新聞の見出しが頭をよぎる。

夕食はスパゲッティ。具として採って来た貝の軟質部を入れる。食後太陽が沈み薄暗くなった沖合に、バンカが一隻現れ、浜に近づいてくる。この浜を管理する集落の男性だろうか。我々四人は暗くなりつつある岸に座り、手を振ることもしなかった。バンカはあるところで止まった。向こうからも反応はない。五分程そんな状況が続き、バンカは静かに帰って行った。

何故バンカの訪問者に対して、何の対応もしなかったのか？　昼間なら明らかに対応した。これから寝て明日の朝出発するだけ、という状況で、個人的には新たなシナリオは欲しくなかっ

た。常に疲れ切っていて、精神的にも余裕がないことが根元にあるのだろう。訪問者にとっても、暮れいく砂浜に無反応に座る男四人は、不気味であったに違いない。様子を見に来ただけだったろうと思うと、不安を与えたこと、大変申し訳なかったという気になる。

28　ラミット島ビナガスバサン

五月二十六日、未明に南で稲光と雷鳴。しかし雨は降らず。四時半起床。南東の風強め。大貫が体調を崩し、お腹の調子が悪くなり、吐きそうだという。大貫だけがカヤライズを使用せず、普通のテントを使っていた。従って暑くて寝られなかったことで、疲れが溜ったのではなかろうか。何とか漕げそうなので、六時に出発。島々の間を漕ぎ抜け、当初目的としていたキナラサッグ島の北端を通過。途中ダイナマイト漁の音を所々で聞きながら、ラミット島ビナガスバサンに十一時に上陸。

かなり大きな漁村だ。前の浜の砂泥浅所では、海藻のキリンサイが養殖されていた。キリンサイの養殖はここが初めてだ。

どこでもほぼ同じだが、まず子供と好奇心の強い大人が集まってくる。

「どこから来たの?」

「向こうの○○島から」

カヤック内を覗き込みながら、

「そんな遠くから来たのか。自分は行ったことないよ。ところでエンジンはどこにあるの？」

「エンジンはないよ。このパドルで漕ぐのよ。この身体がエンジンかな」

ここまで話すと、彼らの我々を見る目が変わる様に感じる。

「ところで、ご飯は食べたの？」

「まだ食べてない」

「まだなのか、それなら家においでよ。ご飯とコーヒーをごちそうするよ」

「サラマ、ポ（ありがとうございます）。お世話になります」

この様な流れでことは進み、食事などは無理に自給自足するのではなく、多少のお金を払ってお願いすることが多かった。


彼らは色々なものに興味を持ったが、やはり海に生きる漁師は、特にコンパスに関心を示す。売って欲しいと何度も言われた。余分があればあげても良いのだが、残念ながら我々にも余分はない。コーラ十ペソ、砂糖ミルク入り粉末「三位一体」コーヒー六ペソ也。

上陸地点の前にあるナショナルハイスクールの校庭に、テントを張らせてもらう。校長先生が盗難を心配し、重いカヤックをそこまで運ぶこととなった。運天に使用中のコンパスをカヤックから取り外し、念のために保管しておく様に伝える。大貫の体調はまだ治らない。デング熱の心配もある。

浜で水揚げされる魚を覗くと、サンゴ礁性の小さなベラ類、スズメダイ類、チョウチョウウオ類、ニザダイ類、アイゴ類、ハタ類など、小さな魚が大部分を占める。魚を扱う漁師の中には、ダイナマイト漁で片腕が不自由となった若者もみられる。違法な漁法を用いても、魚はどんどん少なく小さくなっているようだ。

夕食は豚のスープにキャッサバ芋の入ったもの。七時過ぎに就寝。夢に高知大学総務担当理事（現学長）の櫻井克年さんが現れ、

「山岡さんが申請している学長裁量経費やけど、あんまり期待せえへん方がええんとちゃいますか」

「ソソそんな！　来年からフィリピンに来られへんやないの。ほんまの意味で「黒潮圏科学」を作るのに必要な調査やし、本来「高知大学黒潮圏海洋科学研究科」が中心課題にしなあかんテーマなんよ。分かってんのとちゃうの。あんたの力で何とかしなはれ！」

国立大学は法人化以降、文科省の「指導」により、学長のリーダーシップが強まり、学長の裁量で自由にできる予算が激増した。その分、教員にそれまで配分されてきた予算は激減し、私の場合は五分の一となった。従って、学長裁量経費など所謂「競争的資金」を獲得しないと、この黒潮源流域シーカヤック調査など、ルーチン以外の研究活動は難しい。

五月二十七日五時起床。大貫は体調不良が続き、運天も下痢で元気なし。昨日は聞き取りをせずに、若者達に交じってバスケットボールをやっていた。

そんなこんなで悶々としている丁度そのタイミングで、八幡からは、

「先生、本当にやる気があるのですか。聞き取り調査だけでは、お茶を濁しているだけですよ。もっと漁師の生活に入り込まないと、彼らの本当の姿を知ることはできません。例えば、漁具を

見せてもらうために、家を訪問するとか。そういったことから、予測不能な面白い展開へと進んでいくものですよ。予定調和の世界から出て、もっと突っ込んで下さい。予定調和から出ないと、新たな地平は見えてきませんせん」

「分かりました。ここではダイナマイト漁が盛んのようですので、まずはその漁師の家を訪問してみます」

八幡はこの「予定調和」という単語をよく使う。

そうこうしていると、八幡の帽子が行方不明になる。ここは集落も大きく、校長先生の不安が当たったのか？　当たって欲しくはないのだが。

図22　イカ用掬い網

八幡と運天とともに三人で漁師の家を訪問し、使用している漁具を見せてもらう。まずは網漁師。目合いが二センチと五センチくらいのものがあり、長さは三十二メートル、高さ約一メートル半。それらを重ねて二枚網で使うことも多い。刺し網用の網地の値段は、高さ一メートル、長さ十メートルで二百四十五ペソ也。

次に訪問したのは、中学校の女性教諭のお宅だ。ご主人が釣り漁師で、今はイカを狙っている。釣りといっても釣り針で釣るのではなく、糸に色の付いた小さな短冊を結びつけ底に落とし、それをゆっくり引き上げる。短冊に惹かれて水面に上がってくるイカを、直径八十センチ程の円形の網（図22）で掬うというものだ。多い時には二百キロ程獲れることもあるとか。そのイカを一日半天日干し、重さが三分の一程となり、キロ四百ペソで取り引きする。二、三人で操業し、舟のオーナー代、燃料費などの必要経費を引いた後、売り上げを等分する。

定置網の場合は、高さ三メートル、長さ一メートル半程の目の細かな網を幾つも繋ぎあわせ、月一回設置する。しかし漁模様は悪く、三十代後半の漁師の一人は、我々の質問に対して以下の様に明確に答えた。

「現状であなたは幸せですか？」

「幸せではない。定置網で稼げる生活費が少なく、子供達を満足に小学校に行かすことができない。家族を幸せにできない私は父親として不幸です」

これまでの聞き取り調査で、約九〇パーセントの漁師が、

「幸せ」

と即答し、

「あなたの生活で大切なものは何ですか？」

という質問に対して、

「家族」

と同じく約九〇パーセントが答えた。

この点から見ても、この漁師の返答は誠に腑に落ちる。我が国では、社会における最小構成単

位としての家族の重みは風前の灯火だが、物質的に極めて貧しいフィリピンの漁村では、家族は一人の人間の幸せと深く結びつく社会的要素として、脈々と生き続けている。ちなみにここフィリピンでも、日本と同様義務教育の授業料は無償だ。しかし、学校での食費代、制服代、教材代、交通費等を支出することができないと、子供達を満足に小学校に通わせることはできない。

夕方五時に、ダイナマイト漁をやっていると噂の漁師宅を運天と訪問した。彼は漁に出てまだ帰ってなかったが、奥さんに話を聞いた。漁があれば早く帰るとの話だったが、帰ってなかったということは、ダイナマイト漁でも魚が獲れなくなっているのだろう。家の壁際に、多数のコカコーラの瓶が山積みされているのが印象的だった。

ダイナマイト漁とは呼ぶが、何も高価なダイナマイトを使用しているわけではない。実際にダイナマイトを使用した漁をタンガニーカ湖調査中に、それも潜水中に経験したことがある。二百メートル程離れていたが、あたかも頭上の水面に大きな物体が、突然落ちてきたかの様な衝撃だった。これは国境封鎖のために駐屯する、ザイール兵による食料確保を目的とした所業だ。爆発地点周辺の魚は全て死亡し、底の大きな岩盤には深い亀裂がはいり、爆発力の凄さを物語っていた。

貧乏な漁師が、ダイナマイトを買えるわけがない。彼らはコーラ瓶に薬品を詰め、それを海水と反応させて瓶内の圧力を急激に高め、爆発させる。漁師の奥さんからは庭にある高床式の小屋で話を聞いたが、話をすると捕まるからという理由で、ダイナマイト漁の話は聞かせてもらえなかった。貧しくなければ、誰も好き好んでこんな危険な漁法は用いないだろう。

テントに入って夜空を見上げると、夜空には大きな満月が輝いている。お月さんが本当に明るい。満月の中でも明るい様に感じる。南の夜空には積乱雲があり、その中では盛んに雷が光っていた。雷鳴は聞こえない。昼間は東よりの風だったが、夜に入ると南風に変わった。八時就寝。

五月二十八日五時起床。大貫の体調は少し良くなったが、もう一日ここにいることにする。午前中は前浜のキリンサイ養殖場にて海藻採集。職場の同僚の奥田一雄さんから、海藻を採集して来て欲しい、との依頼を思い出した。これまで余裕がなかったので、その対応だ。

昼食は鶏の唐揚げとシマアジ類の煮付け。その後八幡から二週目のインタビューを受ける。どの様な内容を話したのか覚えていないが、八幡のインタビューには自然体では臨めない。いつも肩に力が入り、どうしても八幡を満足させられる様な答えを探してしまい、自分に素直になれない。何故なのか？　自分でもよく分からない。いくら単純な内容でも良い、実感を伴った言葉がないと彼は満足しない。いくら内容のある言葉でも、頭で考えただけの薄っぺらなものは、すぐに見破られてしまう。さらに、彼は一を聞いて十を知る、といえるくらいに頭の回転が速く、かつ勘もすこぶる鋭い。

世の中に合理的思考ができるという意味で、頭の良い人間は多いが、八幡の凄さは、その思考が彼の行動からえられた実感に裏打ちされている点だ。言葉の一つ一つが自分の言葉になっている。それに少しでも近づきたいとの願いが強過ぎ、肩に力が入ってしまうのだろうか。

午後六時夕食。野菜炒めとゆでた玉子が美味しい。

五月二十九日四時起床。食事代として九百五十ペソ支払う。昨日、運天がバスケットボール中に足に怪我をしたため、前後を代わり私が後を漕ぐこととなる。出発は六時の予定だが、運天が寝坊し五時半に起床、出発が六時二十分となる。八幡は出発前いつも無口で不機嫌そうに見えるが、予定通りの出発ができなくなり、無言の圧力をひしひしと感じる。

出発してみると、後部コックピット前にあるはずのコンパスがない。ナイフで切られた様な、コンパスのバンドの一部が残っているだけだ。

「運天、コンパスを取り外しておかなかったのか?」

「そのままにしてました」

「切り取られてなくなってるぞ!」

「……」

「言うといたやろ!」

「……」

それ以上文句を言っても仕方がないので、この件はここまでにした。零細な漁師にとって、コンパスがあれば漁場がこれまでより格段に広がる。家族をもっと幸せにしたいという誘惑に勝てなかった漁師が、ここビナガスバサンにいたということか。そう自分に言い聞かせ、心を平安にした。

針路を西にとり、網などが多く設置された海を漕ぎ進む。ビナガスバサンより西側は、急に人口密度が増加し、海岸に家並みが目立つ様に感じる。

29　ルソン島マスロッグ

十時前にマスロッグに上陸。マスロッグはこれまで訪問した離島の集落ではなく、ルソン島そのものに位置する漁村だ。そのためかどうか分からないが、住民の我々を見る目が友好的ではなく、雰囲気があまり良くない。最初は誰も寄って来なかった。ニエベス学部長の手紙を見せると、少し表情が緩んだ気がした。集落の水産資源管理事務所長ジュンさんの事務所で、昼食とコーヒーをごちそうになる。マスロッグではビナガスバサンとは全く異なり資源管理意識が高く、二〇〇四年にダイナマイト漁は禁止された。集落前のラグーンにはＭＰＡ（海洋保護区）が二カ所設定されている。その大きさは一辺一キロの小さなもので、実質的にはほとんど意味のないものだが、住民の意識改革には重要な意味があろう。

本来なら、サンゴ礁魚類の産卵場や成育場を調べてその場所を特定し、それらをＭＰＡとして指定する必要がある。しかし、それは現実的にはすぐには無理。やはり、人間が陸上動物であること、すなわち水中では自由に空気呼吸ができないことが、魚類生態で未だ不明な点が多い大きな原因だ。

このことは逆にプラスに働くこともある。いくらクロマグロが絶滅危惧種になったといっても、海中にはまだまだ多くのクロマグロが泳いでいる。もしクロマグロが陸上を走り回っていた動物なら、とっくの昔に絶滅し、その姿は博物館でしかお目にかかることができなかったであろう。

食後前浜で村の古老と話をした。彼は太平洋戦争当時のことを良く覚えており、「当時この目の前の海には、日本の軍艦がいっぱい浮かんでいたよ」

フィリピン近海でどれだけの日本人兵士が故郷を思い、帰ることを熱望しながら、海の藻くずと消えていったのかを思うと、その無念さは如何ばかりであったろうか。

そんなことをボーッと考えているると横から、

「アナタタチワ、ニッポンジンデスカ?」

と女性の声。ビックリして横を向くと三十前後の女性、その後には三人の男性が立っている。その内二人は制服警官だ。彼女はチャーリーと名乗った。

「そうです、全員日本人です」

「村人から、変な外国人が来たとの連絡が市役所にありました。それでバイクに乗って来ました。私は東京に長くいましたので、日本語は分かります」

パスポートとニエベス学部長のレターを示し、不審な者ではないことを説明した。しかし、カヤックに載せている荷物は、一応大雑把に調べられた。我々の風貌から、大麻所持などを疑われたかもしれない。聴取中、コーラをおごってもらい、困ったことがあったらいつでも連絡を、と携帯番号を教えてもらう。

彼らが帰った後、大潮で潮の引いた北側のリーフに出た。子供を含むマスロックのかなりの人数の住民が、手に手に小型のヤスや網などを持って獲物を探している。探し方の特徴としては、岩の下を盛んに覗き込み、ヤスで突くやり方だ。我々の持って来たヤスは、ここでは少し大き過ぎる様だ。獲物としては、小さなカンモンハタ類似の魚の他に、タコ、ウニ、貝、ナマコ、アオリイカ等だ。そのアオリイカは我々の夕食となった。

ジュンさんの事務所内にテントを張らせてもらう。事務所の壁には、ＢＦＡＲ（Bureau of Fisheries and Aquatic Resources　水産海洋資源局）の研修風景などの写真が飾ってある。彼がキリンサイの養殖やＭＰＡの研修などを、多く受けてきたことを物語っている。やはりここマスロッグでも、一晩中ディスコ音楽がガンガン鳴り響いていた。

図23　朝日を浴びる漁師

五月三十日三時起床。四時、ジュンさんの底刺し網の仕掛けに、運天とカヤックで同行する。リーフエッジの外、水深十メートル程のところにセットする。網のサイズは高さ一メートル、長さ百五十メートル程だ。

五時、網揚げに行く（図23）。ＭＰＡがあるためかどうか分からないが、多くのバンカが狭い場所に網をセットするため、網が絡むことが多かった。漁獲は多くなく、アジ類が主であった。小さなヒイラギ類は捨てられていた。

我々の横を、手漕ぎのバンカが通り過ぎて行く。ジュンさんの事務所の二軒隣に住む潜水漁の親子だ。父親の手には、大きな水中銃が握られている。彼ら二人は八時四十分に漁から帰って来たが、獲物はゼロだった。この漁師親子は、ベンティカヤンで出会った、自家製ベニヤ板の円形フィンを使用した兼業の漁師ではなく、ゴム製の立派なジェットフィンを持つ専業漁師だ。その彼が二時間漁をして、獲物がゼロとは信じ難いが、これが黒潮源流域の現実なのだ。海に魚がいるとは限らないからだ。八幡から、

「先生の今の状態では、生きていく力ゼロです」

と常に言われてきた。私から言わせてもらうと、

「いいひん魚は突けへんし！」

八時に朝食を済ます。おかずは先ほど獲れたアジとエビ。食後、ヤスを持ってリーフエッジで潜る。リーフエッジの手前の部分には濃密なガラモ場（ホンダワラ類の海藻が繁茂した場所）が発達している。リーフエッジの外側は、大型の魚は見えないが、魚影は他の場所よりも濃い様に思えた。ひょっとするとＭＰＡ内なのかもしれないと思い、そこでは魚を追いかけず、水路に移動して獲物を探した。

水路にはここでも多くのハブクラゲが集まり、それを避けながらカミナリベラ類とキュウセン類の小さな個体を二尾、何とか突けた。その間、余りにハブクラゲが多いので、つい遊び気分で一個体をヤスでバラバラにした。しばらくして、そろそろ浜に戻ろうかとしていたところ、右足首から下肢にかけて「ジカジカジカ！」と激しい痛みを感じた。よく見ると透明の太い糸様のものが巻き付いている。先ほど意味なく八つ裂きにしたハブクラゲの触手が、流れて来たのだろう。

水中でそれらを取ろうとしたが無理。そこで近くの岩に慌てて這い上がり、恐る恐る下肢から足首に巻き付いた触手を外した。皮膚に接着剤で軽く引っ付いた紐を、引っ張りながら取る感覚だ。その後すぐに事務所に戻り、流水で患部を洗い、そこに持参した塗り薬を塗布した。しばらくすると、触手の巻き付いた部分がミミズ腫れとなったが、薬が効いたのか二日程で気にならなくなった。

意味なくハブクラゲの殺生を行った報いか、貴重な経験をさせてもらった。それにしても黒潮源流域のハブクラゲの多いことよ。サンゴ礁外を漕いでいてハブクラゲを見かけたことはなかったが、波当たりの弱い内湾や水路にはやたらと多くいる。ハブクラゲは、内湾を好む種なのだろう。

五月三十一日四時前に起床。食事代を払おうとするも、ジュンさんはボランティアだといい、受け取ってもらえない。物なら良いかと、シャープペンシルを十本ほど差し上げた。ただ、その表情はもう一つすっきりせず、他にお金を払う理由を何か考えられなかったかと後悔した。強欲という意味ではなく、生きていくためにはお金は必要だ。食事代としてではなく、海洋資源保護運動に対する寄付という名目にすれば、彼は受け取ってくれたのではないだろうか。

「先生、考えて下さい」

と八幡からいつも言われる。自分としては考えてないわけではないが、八幡からすると考えている、というレベルではないのだろう。

考える、とは一体何なのか。私の中では、周りの人、物、情報、金銭などの状況や関係を考慮し、その中で目的を達成するために、最も困る人が少なく、摩擦も小さい道筋を探索する脳内活動だ。リスクを小さくすることと関係する部分もある様に思われる。そこを八幡は素早く見抜き、

「先生、リスクを避けて生きてきたでしょう」

との言葉を頂くことになる。

この問に私は心の中ではすぐに答えている。

「誰やって、リスクが好きな人間はおらんのとちゃうの。リスクを避けて生きんのは当たり前やし」

しかし実際には不意打ちを食らって、一瞬言葉に詰まった。あまりに真正面からの、本質的な質問だったためだ。その場はただ、

「うーんっ、そうかもしれませんね」

とだけ答えた。

直接的に命を危険に曝す場合や、人生そのものを棒に振る様なリスクは、小心者の私が避けるのは当然。その他に、私にとってリスクを避ける場面は、人間関係に関する場合が多い。人の世においては、人間関係をうまく回すことが重要だ。人間関係が悪化すると、心が平穏でなくなり、ストレスが溜まり、イライラが募り、遂には健康を害し、不幸になる。人が生きる目的は、突き詰めると「幸せになる」ことだろう。目的を達成するために、好ましい人間関係を壊すことになるのであれば、その目的自体を考え直すことも場合によってはあり得る。その目的が達成さ

れなくても、人が幸せに生きて行けるのであれば、それで良い。

「それでは進歩がない。そこを乗り越えてこそ進歩がある。いい歳をしてそんなことも分からんのか」

という方も当然おられるだろう。確かにそうかもしれない。

しかし、人類は進歩するために生存するのではない。霊長類の一種として進化し、この地球上にたまたま出現したに過ぎない。幸せに生き、次世代を残し、そして消えてゆく。ほんの一瞬、地球上を通過する存在に過ぎない。人類が進歩するために地球があるのではない。

進歩が幸せに直接結びつくのであれば、それもよかろう。しかし、実際はそんなことはない。原子力科学の発展で人間は幸せになれたか？　答えは、否、である。そもそも原子力と生物種のヒトとでは、それぞれの依拠する時間軸が違いすぎる。原子力が数万年から数百万年単位であるのに対して、ヒトは数十年。スポーツに例えるならば、元々時間単位の異なるマラソンと百メートル走を組み合わせ、それぞれの時間軸を変えないまま、むりやり新たな競技種目を作るに等しい。前者はおおよそ時間単位、後者は〇・〇一秒単位であるにもかかわらず。言葉を換えると、樹齢千年の樹は千年の時間を要する。十年では無理。百年でも無理。人間に時間軸を変更することはできない。

人間の世界に絶対的正解はない。失敗と後悔を繰り返しながら、Festina lente（ラテン語ゆっくり急げ）で少しずつ正解に近づいて行ければ良しとするのか？　人類に残された時間はもうほとんどないのだが。

六時過ぎマスロッグ発。沖で刺し網漁をしていたジュンさんに別れの挨拶をする。針路を北に向けのんびりと漕ぎ進む。

30　ブタウアナン島ブタウアナン

十時二十分、ブタウアナン着。島と集落の名前が同じ、人口約千六百の大きな集落だ。BCのジュンさんが浜に現れ、家に来る様にとのこと。お宅でイカとジャックフルーツの昼食をごちそうになる。浜に戻り、持参した最後の聖護院八ッ橋を子供達と一緒に食べる（図24）。ニッキ味が彼らに合うのかどうか分からないが、「マサラップ（おいしい）」との返事。お世辞かもしれないが、日本人としては素直に嬉しい。

　午後二時にヤスを持って海に入る。大潮で潮が引いているせいか、海に入っている島人はほとんど見られない。魚は数センチの小さなスズメダイの類が少し見られるだけで、後は皆無状態。リーフエッジ前にはやはりガラモ場が少し発達し、外側には魚はおらずハブクラゲだけが見られた。当然獲物はゼロ、生活力ゼロ続行中。

図24　子供達と聖護院八ッ橋

　三時過ぎに、聖護院八ッ橋を一緒に食べた十二歳のアリッサの母親が、大量のアオリイカを持ってきてくれた。ご主人がイカの仲買いをしていて、イカはいつでも手に入るらしい。浜辺でこれほどの量のイカを料理するのは無理なので、アリッサの家の台所を借りて料理することとなった。ＢＣ宅の裏の、立派な二階建ての家だ。台所で八幡がイカを調理し、私は米を炊いた。

八幡流の米の炊き方は少し変わっている。大学時代のクラブの沖縄合宿で食事当番になると、先輩の安藤哲夫さんから、

「はじめチョロチョロ、なかパッパ、赤子泣いても蓋とるな」

と教えられた。ところが八幡流は異なる。

「はじめから強火にし、噴き始めたら蓋を取り、中身をかき混ぜる。その後弱火で数分炊き、後は蒸す。それから、水の量は多めで、踝の上まで」

夕食をおいしく頂き、七時半に寝始めるも、村人が近くに来て村民同士で話をするため寝られず、テントを移動し寝直す。

31　こんな旅、来ない方が良かった

六月一日五時起床。七時ブタウアナン発。島の南端を回り西岸を北上し、島の北端を少し東に回った岩礁部に上陸する（図25）。シーカヤッカーの頭の中には、上陸場所として岩礁を選ぶというプランは通常ない。上陸場所として頭にあるのは、砂浜か礫浜かのどちらかだ。普通の熟練

カヤッカーなら、ブタウアナン島の海岸は岩礁域が続くため、上陸できる場所を見つけ出すことが難しく、さらに漕ぎ続けていたかもしれない。カヤック旅で岩礁に上陸する術は、八幡自身がバシー海峡フィリピン領北限の無人の岩礁で宿泊する際等に、漁師から学んだものだ。

今回の遠征で初めて、八幡がヤスを持って海に入った。一時間後には、二十センチ程のムスジコショウダイ一尾を突いてきた。しかし彼にしたら、ビックリする程の少ない獲物だ。口にはしなかったが、彼自身も改めて黒潮源流域の魚の少なさを実感したことだろう。運天はゼロ。八幡に続いて運天が、それに続いて私が海に入る。運天はゼロ。私はサザナミヤッコの幼魚とムラサメモンガラ各一尾。少しは突けたが、八幡の大切にしていた土佐銛の先を折ってしまった。

図25　ブタウアナン島のキャンプ地

初めてのスコールが降り始めた。六月に入り、三月、四月、五月のフィリピンの夏の季節（乾期）が終わったということだ。明日、サンミゲル湾を横断すれば、最終目的地のメルセデス。だが、針の筵状態は全く変わらない。八幡からはほとんど毎夕、その日の行動に関して、その行動を選択した理由について容赦なく問いつめられる。この日は八幡に加えて、大貫も率直な気持ちを口にした。

「こんな旅なら来ない方がよかった。途中でどれだけ帰ろうかと思ったことか！」

残りの行程も少なくなり、これまでに溜まっていたものが出たのであろう。私の未熟さと不徳の致すところか。辛く苦しいことに慣れることはない。

薄暗くなり始めた頃に寝始めたが、地面が凸凹の岩で中々寝付けない。悪いことは重なり、空気を入れて地面に引くマットレスの調子が悪く、すぐに空気が抜けてしまう。背中が痛くて、うとうとしては目が覚める。

夜中に便意を催し、月光の下での波打ち際雉子打ちスタイルで脱糞。様になる！　その際波が股に触れ、痛みを感じた。風呂にもシャワーにもまともに入ってないので、股に細かな砂がこびりつき、ひどい股擦れを起こしていたのだ。高校時代に、柔道部員が股擦れで独特の歩き方をしていたが、私もその二の舞いとなってしまった。

空には月が煌煌と輝き、外をぼんやり眺めていると、バンカが静かに行き来している。こんな平和で静かな光景に出会うのは、今回の旅で初めてだ。そうこうしているうちに夜明け前となる。

32　サンミゲル湾横断

六月二日三時半起床。八幡と大貫はほとんど寝られなかったらしい。五時十五分岩場発。今日は南カマリネス県と北カマリネス県の境界、サンミゲル湾湾口を真西に横断する。

途中南風が強く、南からの波の波頭が崩れデッキを越えてくる。スプレースカート上に海水が溜り、ぽたぽたとコックピットの中に水滴となって入ってくる。スカートを部分的に開けビルジポンプで排水していると、大きな波で隙間からさらに海水が入る、という厳しい状況だ。

前を行く八幡艇は我々を置いてドンドン進み、遂には見えなくなってしまった。これまでなら、ある距離ができると、適当に待ってくれたのだが、今日は違う。こんな厳しい状況の時に何故、という気もしたが、波と風で北に持って行かれると太平洋に出てしまうため、それどころではない。

遠くカニモッグ島の北端に、大きな簗の様な設置物が見える。その先端部を回らなければならず、距離的にかなり損をするな、などと考えていた。しかし、近づくに連れ、はっきりと見える様になるのではなく、いつの間にか消えてなくなってしまった。疲れ果てると幻覚が見える、とよく聞くが、この状態がそれなのだろうか？　心身ともに疲れ果てていることは確かだ。

島の北端には設置物は微塵もなく、そこを回ると小さな浜があり、そこに八幡と大貫が上陸し我々を待っていた。我々も十時四十五分に上陸、少し昼寝をした。眼前には、最終目的地メルセデスの白っぽい町並みが、小さく霞んで見える。

そうこうする内に低く黒い雲が西から近づき、激しいスコールとなった。スコールの雨粒は大変冷たく、暖かな海にどっぷり浸かり凌いだ。これまで海とは二十歳頃からつき合ってきたが、陸上で雨を冷たく感じ、海に温もりを求めて浸かったことは初めての経験だった。今回の旅で「寒い」と感じたことはそれまで一度もなく、この雨の冷たさにフィリピンの夏の終わりを実感させられた。

熱帯で乾期と雨期の変化しかないことは、タンガニーカ湖調査の経験から知ってはいたが、その変わり目を実感することはできなかった。屋根付き・ベッド付き、食事付きの優雅な生活をしていたら、いくらアフリカといえども、細かな自然の移ろいゆく姿を観察することは難しい。今回の旅の様に細かく自然と接していればこそ、短い期間でも季節の変わり目を実感できる。

午後一時十五分、メルセデスに向けて出発。これでやっと苦しかった旅も無事終わりかと思うと、つい嬉しくなり気持ちが解放され、急に遊びたくなった。そこで八幡にカヤック競争を申し入れた。八幡はニコリともせず了承。二対二では競争にならないので、こちらは二人、八幡艇は彼一人で。さて漕ぎはじめの数秒は並んでいたが、その後はたちまち遅れ始めてしまった。七十五キロの体重の大貫を乗せても全く問題にならない。八幡の力、恐るべし！　オリンピックのスプリントの選手とも争えるのではないか。もしオリンピック種目に、百キロの島渡りカヤック種目があれば、彼は自然を読む力など総合力で、きっと金メダルを取るだろう。

33　第一次遠征目的地メルセデス到着

午後二時、メルセデスの砂浜に到着。砂浜の前に大きな砂州が発達していた。カヤックを砂浜に揚げ、八幡、運天、大貫と複雑な笑顔で握手、握手、握手。八幡の表情は、一応はケジメとして握手しておくか、という感じだ。そこに笑顔はない。すると間髪入れずに、

「先生、この旅は成功ですか?」

その質問に、私の頭の中では、

「ちょっと待ってよ！　やっと目的地に着いたんやし、ちょっとぐらいはその喜びに浸らせて欲しいにゃけど！」

と答えたが、実際口から出た言葉は、

「四人が無事に最終目的地に到着できたので、その意味では成功といえるのではないでしょうか」

「この遠征は明らかに失敗です。何故失敗なのかを考えてください」

八幡は大変責任感の強い人間だ。表現形はぶっきらぼうで多くを語らないが、常に周りを見渡し、きめ細かな配慮と気配りを隅々まで行っている。これは彼の生来の性格ではなく、冒険的な旅に出て、自然の変化や出会う人々の表情に気を配らなければ、命を落としかねない環境が培ったのだろう。そんな細かな神経を持つ彼なので、我々素人三人を無事目的地まで連れて行けたことについては、心からホッとしたに違いない。ただそう言ってしまうと、私がそれで満足し成長しないと判断したため、敢えてこの瞬間に言葉にしたのであろう。

到着してすぐにソリマン教授に連絡しようとしたが、私の防水携帯は熱を持って壊れて機能せず。そこで海岸にいる人に、携帯を拝借しようとした。多くの大人は一応携帯を所持しているが、通話するためのカードが高価なので、田舎ではすぐには使えない場合も多い。

何とか連絡がつき、無事到着を報告すると、ソリマン教授は自分のことの様に喜んでくれ、ニエベス学部長、ハニー教授とともに、こちらに向かいつつあるとのこと。フィリピン側関係者にも、心配をかけたに違いない。

彼等の到着を待つ間に、フィリピンのどこにでもある路地、人がすれ違うのがやっと、という幅の路地に入って行くと、そこには庶民の生活の場そのものがある。昼でも薄暗い路地の両側には、びっしりと平屋の小さい家がところ狭しと建ち並ぶ。そこを縫う様に路地は続く。どこに行くのかも全く分からず、ここに入れば方向音痴もへったくれもない。窓一つのサリサリショップが所々に顔を出す。売られている物はほとんど同じで、キャンディー、粉末コーヒー、シャンプー、石鹸、ゲイシャ印のイワシ缶などなど。赤ん坊の行水にもよく出くわす。食事時なら、家々から煙や料理の香りや匂いが街中に溢れ出る。漁師だという男は、自慢げに自作の金属製水中銃を見せてくれた。

日本では超高齢化社会を迎え、孤独な老人がどのような終末を迎えるのが良いか、などと盛んに議論されている。死に方など全くの個人的な問題なので、どの死に方が良いかなど、一般論で答えが出るはずがない。私は日本大好き人間で、薩摩富士開聞岳の望める場所で死にたいと願い、指宿市山川から少し南の海面にそそり立つ高さ四十メートル程の岩、俣川洲（またごし）付近に散骨してほしいと妻には伝えている。しかし、もし年金額も少なく日本の人間関係に未練がないのであれば、こういったフィリピンの田舎町（マニラではないことにご注意を）の路地裏の住人になり、安らかに死んでいくのも一つかと思う。お金はそれほどかからないし、日本の年金をフィリピンに送金すれば、十分にやって行ける。

借家料と食費合わせても、田舎なら一月四、五万円あれば十分だろう。フィリピン人、特に田舎の人達は大変親切で優しいので、皆に愛される性格の人ならば、最後まで面倒を見てもらえるだろう。ただ、この「皆に愛される性格の人」という点が重要なのだが。

ソリマン教授の友人で州立水産短大教授のオリさんが来られ、魚市場に連れて行ってもらうが、トビウオが見られるのみ。浜で聞くと、タンギギ（サワラの仲間）百七十ペソ。その後宿泊予定の短大のゲストハウスに案内され、荷物を降ろすことができた。カヤックをメルセデスからタバコまで運ぶ車の借用費が二千七百ペソ也。

そうこうする内にソリマン教授一行と、出発時に取材を受けたチャンネル8テレビのスタッフ二名が到着。内輪の歓迎会でごちそうになり、おおよそ二十日ぶりにベッドでゆっくり寝ることができた。

今回の遠征で食費などに使った総額は約五千七百ペソ、即ち約一万二千円。一人三千円程だ。三週間の食費がそれだけということだ。フィリピンの地方の田舎では、ほんの少しの現金だけで生きていけそうだ。

六月三日五時に起床し、六時に魚市場に行く（図26）。フィリピンの主な漁港の多くが日本の資金援助で作られたためか、どこも似ている。メルセデスの魚市場も、以前にアジアコウイカの左右性研究のためによく行った、フィリピン中部ビサヤス地方パナイ島東北部エスタンシアの漁港にそっくりだ。

並べられた魚の中には、ゴマアイゴという種もみられた。アイゴ類は強烈な藻類食者で、磯焼けの原因の重要な要素の一つだと考えられる。食物としては、磯臭いという理由で余り好まれな

図26　テレビインタビュー

い。しかし、ゴマアイゴだけは別物として扱われる。確かに煮付けにしても美味しい。生態的にどこが他のアイゴ類と異なるのか、現在ソリマン教授が研究中であり、近い将来答えが出るだろう。ティラピアやサバヒー類も多いが、全て養殖されたものだ。どちらも日本人に余り好まれる魚ではない。

　サバヒーは英語でミルクフィッシュといい、東南アジアではバンゴスなどと呼ばれる魚だ。アイゴ類と同じく藻類食者に分類されるが、大きな藻体をかじり取るのではなく、植物プランクトンを漉しとって食べるため、植物から動物性タンパクを生産するという観点からすると、大変好ましい養殖対象魚種だ。日本からマニラに飛行機で行く場合、ニノイアキノ国際空港に着陸する直前に、海の様なドロドロのラグナ湖上を飛ぶことがある。そこに簗の様に海面が仕切られているのが目に入ってくるが、それがサバヒーの養殖場だ。

　七時に内陸のハタの養殖場を訪問する。ヤイトハタとチャイロマルハタを地掘りの池で養殖している。五百グラム以上が市場サイズで、マニラに五百ペソで卸す。餌はカタクチイワシなど小魚の切り身だ。

34　出発地タバコへ

この後ゲストハウスに戻り朝食を済ませ、雇い上げたジプニーに分割されたカヤックを積み込む。十時メルセデス発、午後二時半タバコキャンパス着。

ＬＣＣ裏の中華料理店で夕食を済ませ、八時の閉店まで四人で今回の遠征の反省会をする。ゲストハウスに戻ってからも反省会は十時半まで続いた。八幡は私の真剣さに疑問を示し、もっと本気にならないと最悪の場合は死ぬし、生きていたとしても得られるものは少ないとの意見だ。八幡は、私がどんなに不十分な返答しかできなくても、

「そんなことなら私はこの遠征から手を引きます。勝手にやって下さい」

と決して言わなかった。その理由は不明だが、これまで十年程彼とつき合って来て思うのは、彼は物事について拙速な結論を出すことを好まない。じっくり構えて考え、本質を見抜き、結論はその後に下す。

次回の調査に関する八幡からの指摘としては、フィリピン側をどのように巻き込むかという点と、今回使用した質問票を使わないという点。前者については、ビコール大学関係者に大貫の代わりに参加してもらっては、ということになった。後者については、私が反対した。八幡の様な個人的な旅であるなら、それで良いのかもしれない。データとしては何も残さなくても、自分が良ければそれで良い。しかし、この遠征の場合は、今回のものは運天の卒論になり、来年再来年

の内容は修士論文の資料になる。従って、データが必要となる。このことは八幡も理解し納得した。

八幡は口にはしないが、彼がこれまで訪れた世界の漁村のデータを残しておいたら良かった、と少し後悔しているのかもしれない。これまで、カヤックで単身未開地を訪問し、そこに住む人達の話を聞くなど、およそ研究者の想像の域を越える。研究者は現場での調査法などには頭と気を使う。例えば研究者は「調査する側」、現地に住む人々は「調査される側」、その両者間の心理的な壁を低くするために、どのような配慮が必要か等々。しかし、現地に至る過程は、いくら人権意識の強い研究者でも考えない。飛行機と車しか頭にない。従って、八幡が調査データを取っていたら、大変ユニークで面白い本が書けたであろう。その点が私としては大変残念だ。

彼は本を出版すべく、一度は原稿を書き上げたことがある。ちょうど人気テレビ番組「情熱大陸」で取り上げられた頃だ。しかし、出版社とその出版時期をめぐる話がこじれ、その原稿が日の目を見ることはなかった。それ以降、本は書かないと言う。その理由だが、古今東西多くの凄い著作、例えば古典の論語や聖書などが書かれ、世界の人々の生き方に影響を与えてきた。しかし、そこから生まれてきたのが、問題だらけの今の世だ。そこで八幡の結論は、

「いくら自分の経験した自然と人との関係を本に書いたとしても、世の中の人々の心を変えることはできない。それよりも自分にできるのは、自然の楽しさと怖さを実感してもらう機会を増やし、それによって社会を変えていくことです」

確かに彼の言わんとするところも分かるが、個人的には八幡の書いた本を読んでみたかった。

まさに「歩く巨人」ならぬ「漕ぐ巨人」なのだから。

六月四日四時起床。運天がカタンドアネス島の今回訪問した集落を再度訪問し、聞き逃した部分を聞いて来たいとのこと。それまで、時間があるにもかかわらず、それほど聞き取り調査に熱心でなかった彼が、やっとやる気になってくれたのかと嬉しくなる。

今日は基本的には休養日で日程は決まっていない。午後ソリマン教授と話をし、来年の遠征調査に参加意思がないかどうかを聞く。前向きに考えておくとの返答をもらった。日頃の言動から、ソリマン教授が我々の調査に大いに関心があると思っていた。それなら彼のカヤック訓練を、真面目に考えなければならない。

夕方、大貫の航空券の変更に動きがあった。セブパシフィック航空ならレガスピ―マニラ間二千八百ペソ、フィリピン航空ならビジネスクラス四千四百ペソだそうだ。夜行バス一等で行くと、時間は十二時間かかるが、費用は約九百ペソと安い。

夕食後の雑談の中で、石垣島の言葉の中で、「だっからよ～」が最も八幡の胸に残るものだという事実が判明した。京都弁に直すと、

「そやし、ゆうてたやんか！」

標準語では

「だから、言ってたでしょ！」

になるのか。

例えば会社の退社時間が五時半だとして、ある人が四時半に退社しようとしている状況。

「あれ、まだ退社時間までには時間がありますよ。もう帰るのですか？」

「だっからよ〜……」

「……」は言葉にならないのだが、一つの例を敢えて言葉にすると、

「いつも言っている様に、個人的事情で子供を保育所に五時に迎えに行かなければならないの！　だから早退するのです！　分かりましたか？」

「だっからよ〜」で、石垣島の市民社会は巧く成り立っているらしい。ただ、八幡の様なヤマトンチュには、馴染むまでイライラが募るらしい。私としては、別に日本の地下鉄の様に時間通りにキチキチやらなくても、社会が巧く楽しく機能していくなら、それはそれで好ましいことだと思う。大都会で非人間的な程に時間にキチキチに縛られ、精神的に異常をきたすよりも、よほど人間らしく健全だ。

六月五日六時起床。朝食後魚市場に行く。八幡がサンゴ礁魚類で最も美味い、と太鼓判を押すトガリエビスを三尾購入。キロ百四十ペソ。少し古かったので湯引きして煮付けて食べたが、確かに脂がのっていて大変美味かった。サンゴ礁の岩礁の陰などにみられるイットウダイ科の一種だが、なぜトガリエビスが特に美味いのか？　その理由は全く分からない。食性が他のイットウダイ類とは少し異なるのであろう。日本ではトガリエビス自体が市場に並ぶ魚ではなく、研究者の意識の中にも入って来ない。トガリエビスが美味しい魚だと知っているのは、八幡と漁師くらいのものだ。研究対象として興味深いことが、現場には多く転がっている。

「研究者よ、もっと現場に飛び込め！　犬も歩けば棒に当たる、を実践せよ！　歩かないと、

偶然、たまたまの出会いはない！」

九時からカヤック一艇を組み立て、キャンパス北門から川に出し、ソリマン教授とともにタバコ湾の入り江に漕ぎ出す。早速来年に向けての練習のつもりだ。最初は体全体に力が入りガチガチの状態だったが、二時間程漕ぐと何とか様になって来た。

夕食後、八幡と話をする。「公共事業」という単語から、今回の遠征実施に関して、本質的な話に広がった。それは「みなし公務員」である私と、個人事業主である八幡との立場の違いに関するものだ。私は遠征の間も、決まった額の給料をもらえる。それに対して、八幡の場合はどうかというと、遠征の期間はガイドができないので収入はない。お金を得られるかどうかを一種の生活リスクとすると、私は全くリスクを負わずにこの遠征に参加しているのに対し、八幡はリスクを負っているという違い。迂闊にもこの違いを全く考えてこなかった。気付かなかった。八幡は、それではフェアーではないという点を指摘した。当然ながら参加者の旅費や滞在費は、全てこちらで対応している。

八幡からみると、私と運天の動きが鈍く真剣味が足りない原因は、自己資金ではなく、公費で全て保証されているためにみえる様だ。そこから出てくる結論としては、本企画は私の個人的な趣味ではなく仕事であるため、私の費用は研究費で出さざるを得ないが、運天の来年からの費用は全部彼に出させるべき、というものだった。そうすれば、時間に対する意識が変わり、もっとテキパキと積極的に動く様になるとの考えだ。

とにかく、今回の遠征は八幡の弁を借りると「大失敗」。責任者は私だが、私が評価できるレベルになく、私が評価すべきでないとの結論だった。読者の中には私を不憫に思って下さる方もおられるかもしれない。親子程歳の離れた他人に、それはないと。ただ、私自身は全く腹立たしい気持ちにはならなかった。それよりも、逆に有り難い気持ちを感じていた。

普段の八幡は、長幼の序をわきまえた常識人で、相手の気持ちを十分に慮る。その彼が、敢えて上記の様に一見無礼な表現をするのは、それだけこの調査に真剣に取り組んでいる証左だと感じたからだ。どうでも良ければ、憎まれ口をたたいて人に嫌われる様なことを普通はしない。根が真面目な彼の性格がよく出ている。

六月六日五時起床。六時前、大貫が帰国のために出発する。マニラ経由で成田には午後九時頃到着するらしい。彼も十分な取材ができず、期待を裏切る旅だったかもしれないが、得るところは色々あったはず。もし期待を裏切っただけで終わったのであれば、その責任は私にはない。今回得た経験を今後どのように活かすか、それは彼の映像ディレクターとしての才能にかかっている。

人には広い意味での運命があり、人生において色々な予期せぬ人や出来事に出会う。それを変えることはできない。しかし、その運命を良い方に向けるも悪い方に向けるも、それはその個人の才能だ。本当の「賢さ」は、東大や京大に入るために試験で良い点を得る能力ではなく、この様な自分の運命を好転、それも自分だけではなく、他人も幸せになるように好転させていく能力だと思う。頭が切れるだけの人間は、世の中には掃いて捨てるほどいる。

高校時代、難しい数学の模擬試験などで凄い点を取る友人を、凄い、という目で見ていた。しかし、鹿児島大学卒業後京都大学の大学院に入り、京大の学生さんと身近に接してみると、彼らの中に決して賢明だとは思えない人間もかなりいることに気付く。入学試験で高得点をとれる能力と本当の「賢さ」とは、脳味噌の別の部分の働きなのだということがよく分かった。

午後三時半、カタンドアネス島より運天が帰る。ビコール大学のゲストハウス宿泊は一人一泊五百ペソ。四人で延べ二十泊となり、その金額は一万ペソとなったが、何故か請求されなかった。ニエベス学部長の配慮なのか？　その理由は不明だが、帰路での一万ペソは大きい。アリガタヤ！　夕食はキロ九十ペソのカツオの刺し身。少し古いが何とか美味しく頂けた。

35　第一次遠征から帰国へ

六月七日晴れ。いよいよ帰国の日が来た。六時ゲストハウス発。三十ペソの空港税を払い、八時半レガスピ発。飛行機から我々が訪問した島々や海が眺められ、そこで出会った人々の顔や景色が大変懐かしく蘇る。カタンドアネス島は雲に隠れて見えなかったが、ラフイ島、ラミット諸島、マスロッグ、ブタウアナン島、サンミゲル湾が、熱帯の強い太陽光線を受けてキラキラと輝いていた。

九時十五分マニラ着。国内線から国際線ターミナルにシャトルバスで移動する。出発時間まで三時間以上あるのに、アシアナ航空のカウンターには長蛇の列ができている。日本航空で帰る八幡とはここで別れる。

八幡からは、これでもか、というくらいの叱咤激励をもらった。人生でこれほど肉体的にも精神的にも苦しい時間はなかった。

「六十歳からは山岡ルネッサンスや。これまでとは人も違う、分野も違う新しいヤマオカを見てもらいまっせ！」

と張り切ってみたものの、結末は無惨なものだった。癖になったリスク回避を何とかしないと、山岡ルネッサンスは「絵に描いた餅」にもならん。

それでは山岡ルネッサンス実現のために何が必要なのだろうか。

1　リスクから逃げない生き方をする。

2　公私のけじめをつける。

3　出刃包丁を買い、しっかり魚がさばける様になる。

4　パドリング技術を向上させるために、一人で四国一周を行う。

5　魚突きの技術を向上させる。

6　雨の中でご飯が炊ける様になる。

どれも生きていくために必要な能力だ。ただ5番の内容は、高知海区漁業調整委員会の委員としては、立場上難しかった!?　高知県では漁業調整規則で、発射装置付きの銛の使用が禁止されているからだ。

六月八日、仁川、関空を経て、午後四時過ぎ高知空港着。黒潮圏事務（当時）の野村宏子さんに車で迎えに来てもらう。何はともあれ、運天共々無事帰国。多謝八幡暁！

帰国して一つ気付いたことがある。嗅覚が変化したのではないか。同じ匂いをかいでも、以前とは異なる匂いに感じてしまう。特に香水、洗剤、シャンプーなどの香料を含むものに対して。何と表現したら良いか、どこか粉っぽい匂いになる感覚だ。肉体的にある一定以上の負荷がかかると、その様な生理的変化が起こっても不思議ではなかろう。病院に行くことはせず、そのまま放ったらかして今に至っているが、生活に支障はない。

第三章　第二次遠征に向けて

36　黒潮圏科学国際シンポジウム

二〇一〇年秋に高知大学にて黒潮圏科学国際シンポジウムが開催され、八幡が自身の「GREAT SEAMAN PROJECT」についての講演を行った。海の上では鬼軍曹も、慣れない国際シンポジウムでは初々しい表情が見られ、私としてはその意味でも大変面白かった（図27）。

私が八幡をこのシンポジウムに招請したのには、私なりの狙いがあったからだ。それは、鳴り物入りで作られた高知大学海洋科学研究科が目指すところの「黒潮圏科学」の具体像が見えない状況を、彼の講演により変えるきっかけが得られないか、ということだった。また、私の黒潮源流域調査について、研究科内では批判的な見方をしている人が多かったため、八幡の言葉で説得してもらいたかった。しかし、高知大学の研究者にとっては、あまりに生きる世界が違うためか、その凄さがピンと来ない、という状況だった。八幡はこの講演の中で、

図27　シンポジウム懇親会にて

「海洋冒険のプロとしての立場から、六十歳の老人にはこの企画は無理だと、はっきり言って下さい、と言う方がおられるそうですが、それよりも六十歳の年齢の人間が、その歳で初めての経験のシーカヤックに挑戦し、未知の黒潮源流域に行こうと考えること自体だけで、このプロジェクトは成功したと言えます」

と語ったことに強く感動したことを覚えている。

八幡のやっていることは、文理融合の、否、文理医体芸融合の、真に生きる実感を対象とする、新たな科学分野としての「黒潮圏海洋科学」が目指すもの、研究科として世界に率先してやるべきテーマそのものだと私は考えたが、残念ながらほとんど反応はなかった。海洋科学研究科の構成員各自が、それまでの自身の研究範囲に固執し、半歩もその外に出ようとしない。半歩出るとそれまでとは違った世界、新たな地平が見えるのだが、それをしない。もう少し研究科として理解してもらえるか、と個人的には期待していたがそれは甘かった。地方の小さな大学の一つである高知大学を、世界にアピールできる絶好のチャンスだったのだが、残念ながらそれは叶わなかった。私の真剣味が足りなかったと後悔する。

37　タバコでのカヤック訓練

共同研究者のソリマン教授（図28）は、日本学術振興会（ＪＳＰＳ）論博プログラムの研究者であったため（このプログラムは、研究者が外国にいながら、日本の大学で論文博士の学位を取るためのもの）、指導教員の私はビコール大学タバコ校での研究指導に行くことがあった。

二〇一一年三月にも訪問し、その機会を利用して、ソリマン教授とタバコ湾を巡る一泊のカヤックツアーを企画した。三月二十日、出発予定時刻より少し遅くソリマン教授がやって来た。遅れた理由は、奥さんとその日の雷予報に関して話をしたためとのことだった。曇り空の下、キャンパスの裏門横の川から八時半に出発。タバコ湾の奥に向け漕ぎ、マリリポット、バカカイ沖を過ぎ、正午頃湾奥に到着した。

図28　冬季来日時のソリマン教授

湾奥には枝状のハマサンゴ類がよく発達し、干潮時にはカヤックでも水路を巧く見つけないと進めない程だ。最奥部は砂泥の堆積した狭い水路となり、外海と繋がっている。干潮時には干上がるためカヤックを降りて曳くが、脚が底に深くはまり、上陸するのに苦労する。

岩の上で携行したパンを昼食に食べ、その後タバコ湾に戻り、北側の海岸にそって一時間程漕ぎ、ナパオに上陸する。ここでは六人の漁師にヒアリングを行う。ここでは、漁師の一人の家の庭にテントを張らせてもらったが、夜間に激しいスコールが降り軒下に移動した。

二十一日ナパオを六時半に発ち、二時間でタバコに戻る。夕食はタバコ市の幹線道路沿いにあるホテル二階の、いつもの日本食レストランへ。百十ペソのチョプソイは美味い。九十五ペソの親子丼は、フィリピンの日本食に共通するが、甘過ぎて何ともならない。何故こうも甘くなるのか。砂糖きびが主要産業で、昔から砂糖が手に入りやすかった国の人達の嗜好と、砂糖が昔は貴重品だった日本人の嗜好の違いなのだろうか。出汁の味の部分が、砂糖の甘みに置き換わった感じか？

フィリピンから帰国し少し経った頃、ソリマン教授からメールが届いた。そこには、

「遠征予定時期に、長男が通っている海員学校の卒業式があり、両親が出席しなければならない。申し訳ないが次回の遠征に参加できなくなりました」

彼のカヤック練習に対する取り組み姿勢は真面目なものだったため、この知らせは私にとっては大変意外なものだった。

しかし、フィリピン人の家族に対する深い愛情を考えると納得がいく。これは想像だが、彼は遠征に参加したかったが、奥さんが大変心配し、強く反対されたのか？　練習日の朝に遅刻したのも、当日の天気予報が余り良くなかったので、練習に行くことに奥さんが反対したためだと推測される。フィリピンの人達にとっては、家族を幸せにすることが自分の幸せでもあり、家族を

深く愛するソリマン教授は、苦渋の選択として不参加を決断したのであろう。

このキャンセル騒ぎがあり、三人での遠征も考えた。しかし、シングル艇の運搬の手間などを考えると、もし参加希望者がいるなら、四人体制の方がよい。そこでソリマン教授に替わる人間を探す必要に迫られた。そこで高知大学農学部卒で高知県柏島在住の神田優に声をかけ参加が決まった。

38　第二次遠征開始（地図2）

第二次黒潮源流域調査が始まった。二〇一一年五月六日午後三時二十分、運天と二人で高知を発ち空路関空に向かう。今回はカヤックを運ぶ必要がないので、移動が大変楽だ。翌日十時発のフィリピン航空ＰＲ４０７便でマニラへ。乗客は少ない。数年前なら、日本で働くフィリピーナ達で一杯だったのだが、様変わりの様相だ。

この様変わりの原因だが、二〇〇四年に起きた、あたかも降って沸いた様なアメリカ政府から日本政府への、日本に於ける人身売買に関するクレームが関わっているようだ。日本がフィリピンの若い女性の人身売買に関係すると指摘され、フィリピーナに対する入国審査が厳しくなったのだ。

公然の秘密であったことが、何故この時期にアメリカ政府からの急なクレームとなったのか？そこからは、国際政治のドロドロした裏側を覗くことができる。当時はイラク戦争の真っ直中

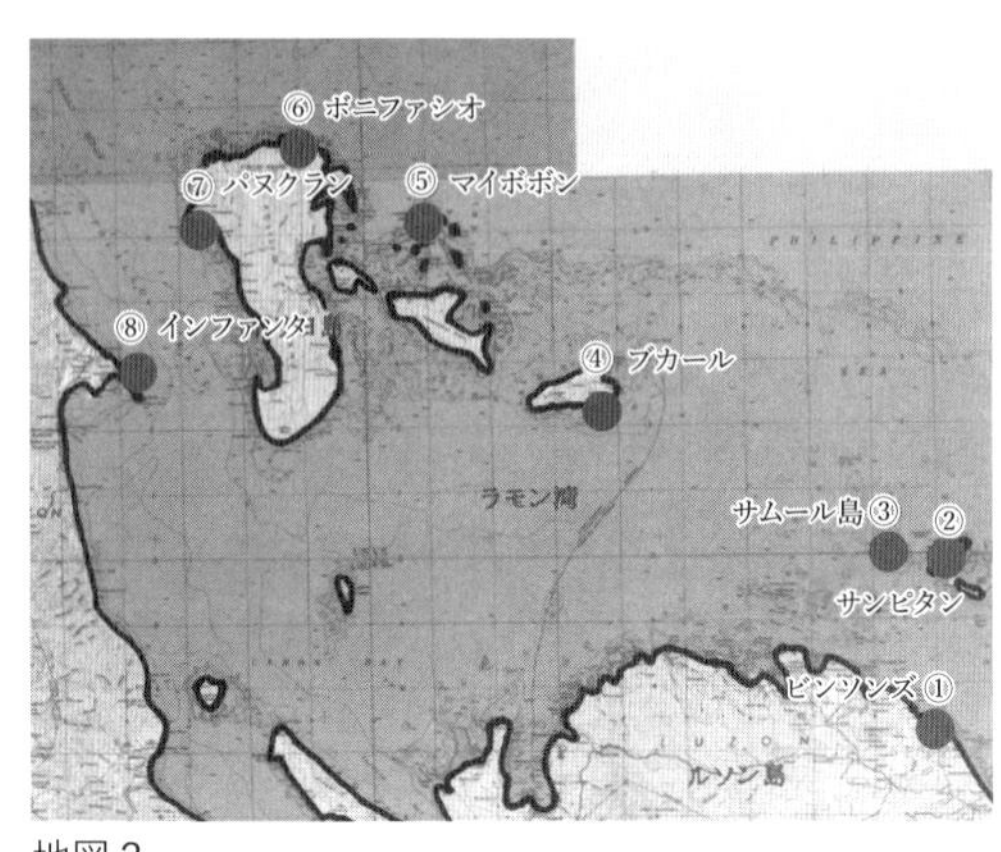

地図2

で、アメリカ政府の要請を受けてフィリピン軍も参戦していた。ところが二〇〇四年七月、一人のフィリピン人運転手が武装勢力に拉致された。解放の条件はフィリピン軍のイラクからの即時撤退。ご存知のようにフィリピンのアロヨ大統領は要求をのみ、フィリピン軍をイラクから撤退させた。十九世紀末の米西戦争で、スペインからフィリピンを植民地として手に入れたアメリカは、独立したとはいえ、フィリピンを意識的には植民地程度に考えていたのだろう。そのフィリピンが旧宗主国アメリカの意向も聞かずに撤退を決めたことに、アメリカは大きなショックを受けると同時に激怒した。しかし、内政干渉になるため、独立国のフィリピンに表立って文句を言うわけにはいかない。

アメリカ政府はフィリピンが最も困ることは何かを考えた。そこで目をつけたのが、当時年間八万人にも達していた日本のフィリピーナ達だった。彼らの本国への仕送りを止めれば、フィリピン経済に取って大きな打撃になる。これなら、国際的に表立っては文句を言えない。まさしく巧く賢くずるい。

一般的に日本人は優しく、人の好意を信じ、ことの裏を読むことを好まないし、また巧くない。外国人も我々日本人と同じ民族性だと、訳もなく信じる傾向がある。極論すれば、世界には緑と水に恵まれた豊かな大地と、魚が溢れる海で生きて来た人々と、周りには強烈な太陽光線と砂漠が広がり、緑も水も海も塩もない、という過酷な環境で生きて来た人々が共に生きている。決めつけることはできないが、異なる価値観、自然観や宗教観が育まれても不思議ではない。国内だけなら「お人好し」で良いが、外国との関係を考えた時には、「お人好し」だけでは後悔することになる可能性が高いことを、肝に銘じるべきだ。

関空の本屋で藤原正彦著「日本人の誇り」を買い、飛行機の中で読む。面白い内容だが、その中でも渡辺京二著「逝きし世の面影」の存在を知ることができたことが最大の収穫だ。江戸末期の安定した時代に、日本独自の文化がどれほど爛漫に咲き乱れたのかを、よく理解することができた。それも、外国人の目から見ての日本であるため、日本人には見えない日本が描かれていて大変おもしろいし、目から鱗的な内容も多い。中学校三年生くらいの国語の教科書に載せてもらえると、若者の日本を見る目が変わるのではないかと期待する。取って付けた様な浅薄な愛国教育よりも、よほど日本人であることに誇りを持つ若者が増えることとだろう。

午後一時前マニラ空港着。九万円を換金し、四万六千四百ペソ余りとなった。この金額で、遠征中必要な経費を全て賄う予定だ。食事計画では、四人の一日三食の食事代が四百から五百ペソとなる。宿泊はメータータータクシー代百ペソ以下で行ける、空港近くの下町のニコラスエアポートホテル。安いのは良いのだが、近過ぎて運転手さんに申し訳ない。

夕食はホテルのレストランで、チョプソイとライス。チョプソイは私が最も普通に食べるフィリピン料理で、八宝菜風のものだ。当たり外れがない。二人で四百十ペソ。外は雷鳴、はげしい雨が降っている。この時期に台風一号が来ており、今年の夏は異常だそうだ。明日のレガスピ行きの飛行便が心配だ。

39　マニラからタバコへ

五月八日午前五時、ホテル発。六時半発の便は無事マニラ空港を離陸した。これでレガスピ到着も同然と思い安心していると、レガスピ上空に到着後旋回を繰り返し、なかなか着陸しない。三十分間上空で待機したが、視界が良くならないとのことでマニラまで引き返すという。

「ソ、ソ、そんな〜!　嘘やろ?」

と心の中で叫ぶも、どうしようもない。

マニラ空港に戻ってからが大変だ。同乗したフィリピン人女性が色々と親切に手伝ってくれたのだが、我々の航空券は割引チケットということで、無慈悲にも払い戻しはなし。飛行機が飛ばないなら陸路で行くしかない。頭を切り替え、レガスピ行きの高速バスが出ているクバオバスターミナルにタクシーで移動する。レガスピ行きは、レイモンドバスが午後二時にあるとのこと。一人運賃九百ペソ。ちなみにタクシーでレガスピまで行くと、一万四千八百ペソだとか。

午後一時十五分、バスに乗り込む。隣のカグサワバスは満員だが、こちらは少し空席もある。二時発。冷房が私には強過ぎて寒くて寝られないが、フィリピン人乗客は気持ち良さそうに寝ている。途中、トイレ休憩をとりながら走り続けた。道路が雨のため冠水し、大型車のみ通行可のところも多々あった。道の両側にある田んぼは、まるで広い池状態だ。午前三時、停電で真っ暗なタバコ着。さすがに十三時間の強力冷房バスの旅は疲れる。

40　出発地ビンソンズへ

五月九日八時起床。停電は続いている。ソリマン教授と院生のアレックス君がゲストハウスに来る。明日、ナガ空港へ八幡らを迎えに行く車の費用について話があった。ガソリン代二千八百ペソ、運転手への謝礼九百ペソ、計三千七百ペソ。ナガからメルセデスの近く、今回の出発地にしているビンソンズまでの運搬費用は別となる。その後、デポしてあったカヤックなどの機材の仕分けを行うが、台風の残り雨が降り続き、気分的に鬱陶しい。台風ベペングめ！　午後七時にやっと電気が回復し、八時に就寝。

五月十日三時半起床。五時過ぎタバコを発ち、ナガに向かうも、途中にはまだ冠水した道路もある。七時にナガ空港に到着する。九時四十分にマニラからの便が到着するが、八幡達は乗っておらず、十時十五分着のエアーフィリピン便で到着する。合流後十時半ナガ発。午後一時ビンソンズに到着し、市役所に市長を訪問する。美しい女性市長で、出発地の浜にある市有の東屋を使わせてもらえることとなった。

昼食は九人全員で小さな食堂で取る。千二百四十ペソ。食後、タバコからナガ経由ビンソンズ

図29　出発前のインタビュー

までの輸送をお願いした車の運転手さんに七千ペソを支払う。その金額のうち、タバコ―ナガ間の料金は二千ペソ。聞いていた話と少し違うが、そんなに問題ないだろう。

夕方市長から使用許可をもらった海岸の小屋に行くと、本当にリゾート海岸にある、日よけ用の茅葺き屋根のみのものだった。八幡によるインタビューを受けたが（図29）、いつものことながら八幡からの問いかけは苦手だ。一年経ってもかしこまってしまい、素直に答えられない。

なぜなのか？　やはり、八幡と私の経験の間には、埋めることができない溝があるからだ。野球に例えると、イチローと中学生選手の間にある深い溝。これはどうしようもない。

八幡のよく言う、

「身の丈以上十センチの世界を見てみよう」

で良いのだ。私は身の丈以上一メートルの世界を、既に十分見ているのだから。

41　ティナガ島サンピタン

五月十一日水曜日四時起床。波の音が大きく、昨晩はよく寝られなかった。六時十五分、ビ

図30　上陸直後の島人

コール大学の院生アレックス君やレナン君他の見送りを受け、北に向けビンソンズを出発する。今回の遠征では、運天と私がペアで全ての行程を漕ぐ予定だ。今回も第一次遠征時と同様行き当たりばったりの旅で、最初の目的地は北三十五キロ沖に浮かぶカラグア諸島のどこかの島、としか決めていない（地図2）。南からの追い波で順調に進み、十一時頃ティナガ島サンピタンに上陸する（図30）。

サンピタンは戸数が二十から三十の、電気のない小さな漁村だ。副村長エラさんの家が浜際にあり、彼に食事の世話をお願いする。今回の遠征では昨年の経験を踏まえ、自給自足は最初から考えなかった。現地の人に謝礼を払って、食事の世話をお願いするという形だ。それが無理な時には、自炊する。

聞き取り調査を行うが、今年の聞き取り項目には昨年とは一点異なるところがある。今回は漁師の収入を聞くことにした。昨年は日本人的素人感覚で、初対面の人に収入を聞くなどは、失礼なことだと自粛してしまった。しかし、成り行きで収入の話になることもあり、その際の彼らの拘りのない返答に、今年は各訪問地で二十人の漁師に、およその月収額を聞くこととした。

今回運天の動きが去年と違う。積極的に聞き取り調査に動いている。今日だけで既に十五人の漁師に話を聞いたそうだ。彼なりに昨年の反省を踏まえてのことだろうが、学生の成長をみるの

図31　滝と八幡

は、教員として大変嬉しい。

集落の東の海岸近くに滝があり、子供達と一緒に水浴びに行く（図31）。水は冷たく、火照った身体を冷やしてくれ、気持ちがよい。滝の上がどのようになっているのか、深い薮が茂り見ることはできないが、滝の下流で女性が洗濯しているところを見ると、不潔な水ではなかろう。飲料水の補給もこの滝の水を使う。

五月十二日はサンピタンに留まり、残りの聞き取りと海中観察を行う。リーフ内には魚は大変少ない。リーフエッジ付近にはやはりアマモ場が少し発達し、そこにはシモフリアイゴ？のクヨッグの群れがかなり見られた。

聞き取りを行った漁師は全員が専業漁師で、漁業以外の収入はなかった。ほぼ全員の月収が千ペソ程度。前回の調査と同じく、九割の漁師が最も大切なものは家族、自分は幸せだと即答する。二千円程度の現金収入で、家族とともに幸せに生きていることになる。今回の調査では、ここサンピタンがマニラから最も距離的にも、文化的にも遠隔地に当たり、調査が進むにつれ徐々にマニラに近づくという構図になる。漁師の専業率や収入が、どのように変わっていくのだろうか。大変興味深い。

遠隔地の子供や若者と話すと、将来的にはマニラに行きたい、ということをよく耳にする。マニラに行けば、何となく「幸せの青い鳥」に巡り会えると思っているのだろう。しかし、足元を見直してみることが極めて大切だと思う。彼らは気付いていないが、地元の田舎には、お金がなくても幸せに生きて行ける暮らしのシステムが既にあるのだから。

その暮らしをさらに分析すると、資源的に少なくなったとはいえ、海を中心とした自然の恵があり、そこに行けば食物は何とか手に入り、家族や親族等の助け合える人間関係もある。物価もマニラとは比較にならない程安い。それがマニラに行くとどうかわるのか。排気ガス臭い空気と騒音に包まれたビルや車や人であふれ、そのどれもが腹を満たしてくれる食べ物にはならないし、ストレスが溜るのみ。心に安らぎを与えてくれる自然の緑もない。周りに助け合える親類縁者はおらず、自分が生きていくだけで必死、赤の他人を助ける余裕はない。人口の割に就職口が少なく、安定した現金収入の機会が少ないのに物価は高く、お金がないと暮らしていくことは難しい。マニラのファーストフードの従業員の給料が三千ペソ程と聞くが、それに対し、場末のホテルのレストランで、おかず一品と白米で二百ペソの世界だ。どんな生活が待っているのか想像に難くない。

このことが地方の漁村に暮らす人々には見えてないのだが、それは日本でも本質的には同じだろう。収入はフィリピンよりも多いが、その他の項目はそんなに変わらない。日本でも、若者が地元の自然や文化に誇りと興味を持ち、できれば地元に生業を見つけてそこに残り、家族を持ち養える仕組みが必要だ。

そこで鍵になるのは、子供の頃からの自然での遊びだ。それも大人の意図により設計・計画された人工の自然ではなく、自然そのものの中での遊びだ。子供達がその中で自ら考え体験し、実感できる仕組みだ。実感は身体の中に深く刻み込まれ、大人になっても消えることはない。もし彼等が故郷を一旦離れたとしても、都会の生活に行き詰まった時に思い出されるのは、子供のころ友達と楽しく過ごした故郷の自然ではないだろうか。それは故郷にUターンするきっかけともなる。子供の頃のそんな経験と、それを通して得た何らかの実感がなければ、故郷はあそこにだけは戻りたくない、といった忌避の対象にもなる。地域のルネッサンスには、そこに生まれ育った人々の、多感な子供時代の実感こそが大切だ。

42　サムール島

五月十三日五時起床。六時五十分、サンピタン発。目指すは西十キロ沖に浮かぶサムール島だ（図32）。標高百メートルもない小さな島で、話では二世帯しか暮らしていないらしい。何故その様な近い島を目指すのか？　それは、サムール島を越えてしまうと、五十キロ以上逃げ場所のないラモン湾の湾口を横断しなければならないからだ。サンピタンから直接行くと六十キロ以上の横断となり、天候の急変等に対処しにくくなる。

上陸地点の西海岸は眩しい程の大変美しい白浜で、砂粒が大変細かい（口絵5）。浜の上方に三メートル四方の掘っ立て小屋があり、そこに五十九歳の漁師と妻、男の子が住んでいた。余りに粗末なので、本当に家なのかどうか確信はないが、少なくともそこで飯を炊き、寝泊まりして

図32　夕暮れのサンピタンから望む夕日直下のサムール島

いた。この家の写真を後日見たフィリピン人研究者たちは、「これは家ではない」と笑った。台風が来たら跡形もなく飛んでいくではないか、というのがその理由だ。飛ばされれば建て替えれば良いだけの話だ。家の中には貴重品もないし、鍋釜だけを飛ばされない様にすれば生きては行ける。多分一定期間のみ使用する仮小屋なのであろう。

それにしても太陽が熱い。暑いのではなく熱い。全く日陰がない。ここでは狭い家に入れてもらうこともできないので、日陰を自分で作らなければならない。持参のブルーシートを広げ、それに棒で柱を作り、何とか焼け付く様な太陽光線から逃れた。

ここでも飲料水の補給を行った。山からわずかに流れてくる水が、木陰に石組みの小さな水たまりを作っている（図33）。そこからはチョロチョロと流れ出ているので、全くの溜まり水ではない。その水に木漏れ日が差し込んでいるのだが、その太陽光線の部分が白く水中で輝いている。水中に多くの小さな粒子が混じっており、その微粒子に光が反射し、白い筋に見えるのだ。子供が持って来てくれたガラスコップにその水を掬って、横から目を凝らすと、微小な粒子が見える。心の中での囁きは、

図33　水場

「これを飲むのはさすがにヤバイんとちゃう？　明日は五十キロ以上のラモン湾横断やし。もしその途中で下痢になったらえらいこっちゃ。水中でうんこするにしても、何回も乗ったり降りたりは疲れるやろ。やっぱり飲むのやめとこ！」

と、その時後ろから八幡の声。

「先生、それを飲んで下さい。大丈夫です、僕を信じて下さい」

また言われてしまった。飲むしかない。結果は全く問題なし。彼のシーカヤックサバイバル経験から出る言葉は信用できる。

43　ホマリッグ島ブカールへ

五月十四日午前二時起床。三時四十五分、真っ暗なラモン湾に漕ぎ出す。西北西に針路をとるが、西の遠方の水平線にポーッと空が明るく見える部分が二、三カ所ある。まさか、マニラの街の灯りがここまで届く訳がないし、日本の様なイカ釣り漁船がいる訳もない。今でもあの水平線の明るさが何なのか分からないが、夜明けとともに消えていった。

五時十五分、美しい朝日が東の水平線に昇る。追い風追い波で順調に進み、午後一時前にホマリッグ島南岸東部のブカールに上陸する。ホマリッグ島は、ポリヨ諸島の南東端に位置する、楕円形の山のない平らな島だ。従って、遠方から全く島影が見えない。途中、島が見える、とだれかが言っても、それは全て近づけば消える雲の姿だった。

後で分かったことだが、終戦後すぐ、ポリヨ島に駐屯していた日本軍兵士九人が、このホマリッグ島まで大きめのバンカを盗みに来て、それに乗って鹿児島県口永良部島まで黒潮に乗って帰ったという、曰く付きの島だ。

図34　芝生上のテント

浜の前に住む若い舟大工レオさん宅の、きれいな芝生にテントを張らせてもらう（図34）。レオさんには二十歳過ぎの3人の妹がおり、皆さん控えめな美人だ。毎朝庭と土間を短い箒で黙々とはき、顔を上げた時に微笑む笑顔が美しく印象的だった。

昼食は、浜のサリサリショップのオーナーにごちそうになる。大きなキヘリモンガラを焼いたものだ。運天がかぶりつく。

店の前には筵が広げられ、その上に多数の黒いナマコが干されている（図35）。乾燥ナマコはキロ三千ペソで売れる。中国、香港、シンガポールなどに輸出され、中華料理の材料になる。中国人はゼリー状の食べ物を好む傾向があり、このナマコやフカヒレが多く消費されるのだそうだ。

図35　ナマコの乾燥

そういえば、フィリピンのサンゴ礁湖内でナマコを見かけることはない。特定の種がいないということではなく、ナマコ類全てがみられない。フィリピンに通いはじめのころは、ナマコがいないことが不思議だった。しばらくすると、上記の事実が判明する。ナマコは海の底の砂や泥を食べ、砂泥粒に付着するバクテリアなどを消化吸収しながら生活している。海洋微生物研究者にいわせると、バクテリアは栄養たっぷりのタンパク質の塊だそうだ。ナマコの消化管内は、空かあっても砂粒しか見られないが、それで十分生きて行ける仕組みになっている。食物連鎖的には海底の掃除屋さんとして、サンゴ礁生態系で重要な役割を担っている。

そのナマコがフィリピンのサンゴ礁から消えつつある。今後そのことがどのような現象になって現れるのかは不明だ。しかし、グアム島の海水浴場で、砂底のナマコを気持ちが悪いという理由で除去したところ、白い砂だった底に泥が溜り、泥底に変わってしまった。さてさて、どうなることやら。

自然の現象で人が理解しているのはほんの一部で、九五パーセントは未知のままではないかと思う。ミクロでインビトロ（試験管などの中で実験反応を実施、観察できる状況）な実験科学ならまだしも、特にマクロな生物学の一分野である生態学等では、一度自然で起こってしまった現象の再現実験を、厳密な意味で行うことは不可能だからだ。経時的に自然の状況は刻々と変化し、同じ状況は二度と起こることはない。果たしてこの状況に、スーパーコンピューターがどこまで迫れるのか？

新聞記者のインタビューで困るのは、大学の研究者に聞けば、何でも分かると誤解しているところだ。

「○○の原因は何ですか？」

「それはまだ分かっていません、不明です。可能性としては××ではないかと考えられますが」

「そんなこともまだ分かってないのですか？」

「そうです」

「へーっ！」

こんな感じで、どこか馬鹿にされた様な不快な気分になる。大学の研究者は、ある特定の分野では世界の最先端の知見を理解している。従って、大学の研究者が貴重な存在であるのは、何がまだ不明なのか、ということが分かっているからだ。

三時頃サリサリショップ付近をうろついていると、女性から日本語で声をかけられた。日本人がやって来た、という噂を聞いて会いに来たのだそうだ。リサさんというジャパユキさんで、先日長野から帰って来たばかり。ホマリッグ島は別れた漁師のご主人の出身地で、彼との間に十四歳と十三歳の男女の子供がいる。子供達はメードさんとともにマニラで生活している。長野で四年間暮らし、妹二人は日本人と結婚し長野在住。このフィエスタが済めば、すぐに長野に帰るとのこと。この様に、日本とフィリピンの関係は、こんな地方の田舎に行っても密接だと実感させられる。

九時就寝。目が覚めたらフィエスタのダンスに行こうかと思って寝始めたが、目が覚めたら午前三時だったのでそのまま寝続けた。その間、夢を見た。私が空港のリムジンバスの運転手をアルバイトでやっているのだが、それを忘れていて運転をスッポカし、途方に暮れているという内容だ。一体どんな精神状態を表していたのだろうか？

五月十五日五時起床。どこの集落でも暗いうちから鶏が「コケコッコーッ！」と鳴き始める。日本ではそうだが、フィリピンではそうは鳴かない。

「トッコラオー！」

と鳴く。私には日本と同じ「コケコッコーッ」にしか聞こえないのだが。アメリカでは「クックドゥードゥルドゥー」などなど、鳴き方は国々によってまちまちだ。ニュージーランドに住むマオリ族の人達だけが、日本人と同じに聞こえるという。鶏として鳴き方は世界共通で変わらないのに、人間の聞こえ方が全く異なってしまうのは何故か？　同じ生物種ホモ・サピエンスとして同種なのに何故なのか？　よく知らないが、明確な答えはまだないのではないか。

この問題は私にとっては、研究テーマとして大変面白い。素人ながら厚かましくも推察させてもらうと、それぞれの言語の発声方法や音声パターンと、密接に関係しているのではないだろうか。こんな研究、黒潮圏科学で言語学的側面も含めて本気で取り組めば、とても面白くなるだろうに。フィリピン国内では共通なのか、タガログとイロンゴ、セブアノ等異なる言語で異なるの？　台湾に近いバタン島では？　台湾では？　八重山では？　誰かやりませんか。言語学、音声学、人類学、民俗学、歴史学、医学等のコラボになるのか。

コーヒーとパンの朝食を頂き、その他に豚骨ラーメンを作って食べる。八時半からミーティングを行い、フィリピン人にとっての黒潮の恵みとは一体何なのか、について話し合う。少なくとも気候を温暖にするという恵みはゼロ。黒潮はこの辺りではまだ流れてとして姿を現しておらず、その意味でも存在感は皆無だ。次の訪問場所の選定も行う。ホマリッグ島の北西にあるパトナノアン島には電気があるとの情報なので、その北にある小さな島々のどれかを目指すことにする。

ブカールの隣の集落に聞き取り調査に向かう途中、教会帰りのレオ兄妹に出会い、彼らの友人のエニスさんという二十歳の女性を紹介される。昼食は彼女の自宅で、厚かましくも全員ごちそうになる。豚肉のスープとビーフン、それにライス。裏庭のテーブルで頂いたが、量はあるし美味いし、文句の付けどころがない。さらに五十一歳の父親ヘンリーさん自ら椰子の木に上り、実を切り落としブコジュースを各人に振る舞ってくれる。椰子の樹には足を掛けられる様に、幹に切れ込みが作られており、登り易くなっている。「おもてなしの国日本」が巷間もてはやされるが、フィリピンでも貧乏な旅人を優しくもてなしてくれる人は多い。

舟大工レオさんはスモールビジネスもやっており、ワインを扱っている。家にも少しあるので、ワインが好きならどうぞ、とのことだったが、さすがに厚かましさもそこまでいくことはなかった。今日からポリヨ島に出張とのこと。

運天にこれまでの調査のデータを見せてもらう。カラグア諸島とここだけだが、漁師は月収五百ペソから千ペソの稼ぎだ。日本円でなら千円から二千円の月収ということになる。

収入の少なさで思い出すのが社会主義国キューバだが、キューバよりも少ない。さらにキューバは教育と医療は無料の世界だ。フィリピンではその稼ぎで、子供達を学校に通わせなければならないし、病気にも対応しなければならない。外から見ると、生きていくのが辛く厳しい国だ。しかし、彼等の九割が自分は幸せだと即答する。不思議な世界だ。

このフィリピンとキューバの両国だが、比較すると共通点が多く大変面白い。両国とも太平洋と大西洋の違いはあるが、主に同じ亜熱帯域に位置する。主な特産品も共通し、さとうきび、ラム酒と葉巻きタバコ。フィリピンは世界の二大暖流の一つ黒潮の源流域であるのに対し、キューバはもう一つのメキシコ湾流の源流域に当たる。

歴史的には、スペイン領であった両国が、米西戦争の結果、アメリカの植民地となった点も共通する。スペイン植民地時代のカトリックに起因する共通の地名も多い。しかし現在では、フィリピンは少数の財閥が支配する、貧富の格差の大きな資本主義国家であるのに対して、キューバは独自の自給的持続可能社会を目指す社会主義国家だ。

両国とも海に囲まれた点も共通するが、海との接し方は全く異なる。キューバでは船を持つことや海に入ることは自由にできない。政府がアメリカへの密出国を恐れるためだ。無許可で船を持っている者は、漁の後その船を水中に沈めて隠したりする。使う時に再度引き上げるのだ。また、大きな発泡スチロールをボート代わりに、アメリカに渡ることを企てる者もいるため、フロリダ半島に最も近い岩礁海岸は、自由に立ち入ることさえも制限されている。ちなみにこの岩礁海岸だが、世界で初めて深層水利用が実施された現場だ。

日本でいう魚屋さんの様な店舗は、ハバナ市街では見かけない。普通の市場にも鮮魚売り場はない。野菜売り場、果物売り場、肉売り場だけ。魚を売る店もハバナ市街には数店あるようだが、店頭に魚が並ぶことはない。間口の狭い店の前に小さな黒板が立てられ、そこに当日販売される魚の名前と、値段が書き込まれているのみだ。その店の前に魚の欲しい人がたむろし、魚を買い求める。

キューバの話が続くが、もう少しおつき合い下さい。キューバでは、動物性タンパク質のランクでいうと、魚は最高ランクとされる。外来魚のヒレナマズは例外だが。魚はいつも食べられる食材ではなく、何かのお祝いの席などでしか食べられない。一般的には鶏肉が最も安く、その上に豚肉がくる。牛肉はキューバでは余り食べない。牛は耕運機の代わりをし、労力源として貴重なためだ。それだけキューバ市民からは魚は遠い存在だ。

フィリピンはどうか。海岸に住む人々は、皆さん何らかの形で海と関係し、多くは食材をそこから得ている。日々の最も一般的なタンパク源だ。お金がなくても、海に行けば何とか食っていける。この様に、海とは切っても切れない関係を持ちながら生活している。

この両国を自然科学と人文科学をまとめた「黒潮圏科学」的視点から比較研究することは、大変興味深い様に私には思えた。それで、フィリピンと並行してキューバにも赴き調査を始めたが、多くの同僚からはまたまた理解してもらえなかった。私に言わせれば、

「黒潮圏科学ちゅうもんは、持続可能社会の根本的要素をあぶり出すことを目指してんのとちゃうの？　そやのに、みすみすそのチャンスを見逃すやんて、よいわんわ！」

と心の中で呟くことになる。

話がブカールに戻る。アオチビキの唐揚げを夕食に取り、一旦寝た後十時半に起き出し、フィエスタのディスコに向かう。途中の道端にはホタルが集まった木が一本あり、多くのホタルがシンクロしながら点滅する様は、遠くから聞こえてくるボニーMのディスコ音楽と心地よく交ざり、どこか幻想の世界に紛れ込んだかのような錯覚に陥る。

午前一時前にテントに戻り寝直す。ケニアのナイロビやモンバサのアフリカンディスコなら、男女の踊りを見ているだけで、その身体のリズミカルな動きに心底魅せられる。やはりアフリカン独自の、アジアンにはない生来のリズム感があるのか？

44　カロンコアン島マイボボンへ

五月十六日五時起床。レオさん一家と写真を撮り、六時二十分ブカール発。針路を西にとるが、単調な椰子林が延々と続く（口絵6）。島の西端かと思って漕いでも、そこまで行くとさらに向こうに岬が待っている。カヤック乗りがいつも経験する「ガックリ」だ。やっと西端に至ると北風が吹いており、最短でパトナノガン島に向かう。昨年と今回、漕いで来た海のうちで、この周辺のサンゴ礁は最も良く発達している。島の間の海峡を通過する際には、造礁サンゴが顔を出している所が多く、注意しながら進んだ。

　この日は春の大潮に当たったのだろうか、サンゴ礁がかなり干上がっており、途中ではカヤックを降りて、ジャブジャブ引っ張って歩くところもあった（図36）。

　暑さで頭がボーッとなる。途中地図上の島々の状況を読み誤り、海が開いてない所へ誘導しかけ、八幡から強く注意を受ける。

「何故こんな簡単な間違いを犯すのですか。時と場合によっては命取りになります。何故なのか理由を考えて下さい」

図36　網漁の漁師

　地図を見るのは子供の頃から好きで、こんな間違いを犯すことはなかった。海図上では二つの小島は離れている様に見えたのだが、実際には砂浜で繋がっていた。

　何故ミスしたのか、と聞かれても、地図を見誤ったとしか答えられない。そう答えても八幡は納得しない。カンカン照りの太陽をもろに受けながら、ボーッとした頭で亜熱帯の海を漕いでいる時に、ゆっくりと考えることはそもそも不可能だ。しかし、何故見誤ったのか、と八幡は畳み掛けてくる。普通の人なら、こんな状況の時に、そんなにしつこく他人のミスを追及しない。この時ばかりは、いくら師匠八幡からの注意といえども、かなり苛ついた。

「なんもこんな暑くてバテバテで、ヘロヘロキャンディー状態の時にしつこく注意しんでも、上陸してからでええのんちゃうの。いらいらするわ！」

ただ、八幡は上述の状況を十分に考慮した上で、冷静に判断してしつこく質問を繰り返したのだ。決して感情的になった結果ではない。

八幡の妻雪絵さんによると

「陸上では亀よりドジな男です」

とのことだが、海の上で、こと命に関わることになると人が変わり、徹底的に考え抜く質なのだ。

そんなこんなでイライラしながら漕ぎ続けていると、前方に椰子の木がまばらにはえた島が見えて来た。きれいに椰子の木が並んでいる。ところが、いくら漕いでもその島は近づいて来ない。一時間程漕いでいるうちに島影はどこかに消えてしまった。昨年も目的地メルセデス到着の最終日に見た幻だ。やはり疲れがかなり溜まっていたのだろう。

目的地としたカロンコアン島へのナビゲーションを誤った。周りに多くの小島があり、全体の地図を頭に入れておかないと、ナビゲーション程難しいものはない。この時は運天がしっかりと把握していたので、彼にナビを任せた。小さなバンカで漁をしていた少年にカロンコアン島の場所を聞いたところ、ここではマイボボンと呼ぶらしい。

マイボボンに近づくと、ラグーンにはアマモ場がよく発達する。フィリピンでよく目にする大型のアマモ類だ。海岸に上がろうとした時、横に漁から帰った小さなバンカも同時に上陸しようとしていた。漁模様はどうかと聞くと、舟底から全長一メートル以上あるキハダマグロ?を抱え上げ見せてくれた。幸運にも、ここは漁業が盛んな集落の様だ。

午後二時前カロンコアン島上陸。この島は小さな島で集落はマイボボンだけ。二十から三十戸程の集落で、BCはすぐ南のカロトコット島に住んでいる。電気は来ておらず車も当然ない（図37）。ここでは、洗濯や水浴び用の井戸と、飲料用の井戸は別々になっている。

今日も炎天下七時間以上漕いだことになる。上陸すると英語を少し話せる四十歳前後の女性タロマさんと知り合い、テントを張る場所と食事の世話を依頼する。遅めの昼食は、ミナミイスズミ?の水煮とバナナの砂糖煮。

図37　マイボボンの浜

タロマさん一家は、バナナ栽培を中心とした農業をやっている長身のご主人と三人の娘、十七歳のシェラミン、十五歳のジャニン、七歳のシェイン。長女と次女はインファンタの高等学校、シェインはカロトコット島の小学校に通い、普通はいないのだが休みで三人とも帰省中だった。

庭の深い芝生の上にテントを張り、ヤシ酒を少し飲んだらバタンキューと五時半までグッスリ。夕食のおかずはカニの油煮のみだが、カニの殻も噛み砕きながら食べた。カニを殻ごと食べるのは初めての経験だが、中々美味しいものだ。

五月十七日五時起床。晴れ。この集落で作られた、まだ温かいできたてのプト（円形の小さなバナナフレーバーの蒸しパン）を食べる。毎朝仕込みは二時半から行う。蒸しパンは子供の頃、移動販売の「ロバのパン」でよく買ってもらう機会があり、元々好きだが、できたてはさらに美味しい。

七時にカロトコット島から、六名のBC一行が来島。不審な日本人四名がやって来たという情報が入り、治安担当の関係者を伴っての来島だ。こういう時にはニエベス学部長からのレターが役に立つ。来た時は顔つきに厳しさがあったが、一読した途端にその目から厳しさが消え去り、笑みを伴う温和な表情に変わる。表情というのが、その時々の心の内面を映す鏡であることを改めて実感する。人と話す時はいつも、お互いに心安らかに話したいものだ。

浜辺で出会う漁師らしき男と話をする。上陸時に出会った様なマグロを狙う場合は、沖で三泊することが多く、我々が同行することは時間的に難しい。何とかして漁に同行できないか。話を聞くことも大事だが、やはり現場を見てみたい。朝食のハマダイの唐揚げを食べながら、タロマさんにも、この話の取り次ぎを依頼する。ハマダイ、キロ七十ペソ。地先漁業では、午前中三時から八時、午後四時から九時に出漁するとのこと。小さなバンカには一度に二人しか乗れないので、八幡と山岡、次に運天と神田が乗ることとする。

隣の家の前で椅子に座り、海を見つめる男と話をする。彼は二人いる妻の一人がここに住む五十三歳の漁師で、定置網をやっている。いつもはレイテ島西岸にあるオルモック近くに住んでいるが、漁期のみマイボボンに移り住む。レイテでは漁獲圧が圧倒的に強く、こちらの方が魚影が濃いからだ。全国で獲られた魚は、そのほとんどがマニラに運ばれるという。エビカニ類が獲れる場合は、月に二万五千ペソの稼ぎとなる。この額、我々が見て来た月収千ペソの零細漁民の世界では凄すぎる。

紫色のシャーベット売りが来たので、五ペソで購入。下痢はなし。昼食は肉の少ない骨付き鶏肉と、アオパパイアの炊いたもの。

午後四時、漁師二人が迎えにやってきた。八幡とともに漁に出発する。すぐに漁場に向かうかと思いきや、集落から少し南下した岸にバンカを寄せる。何をするのかと見ていると、海岸で拳大の石を探しバンカに積んだ。その後我々を乗せたバンカは、カロンコアン島と南のカロトコット島の間の水道を西に向かう。ここは水深が大変浅く、ジャイアントアマモ群落が良く発達しているのがみてとれる。カロンコアン島の南西、水深百メートル以上の所にブイが設置されており、それに繋がれた母船に小型のバンカが取り付くという形だ。

図38　ハマダイ漁の仕掛け

先ほど海岸で拾った拳大の石に、開いたイカと細切れにしたイカのゲソを釣り糸で巻き付け、最後の結びを工夫し、底に当たった衝撃で石が解け落ちる仕掛けになっている（図38）。そうしないと、餌を他の魚に食べられることなく、無傷で水深百メートル落とすことは不可能だし、重い石がついたまま引き上げるのもまた大変だからだ。釣り竿やリール等の高級な道具は当然ない。釣り糸は直径二十センチ程の環に巻かれている。

漁開始後一時間半はほとんど当たりもなかったが、午後六時を過ぎた頃からハマダイが釣れ始めた。体形がスマートで尾鰭が長い様な気もするが、ハマダイの仲間であることは確かだ。十分程の間に五尾程釣り上げた後、私にも釣らせてくれた。よく引くが、この力が哀れな魚の最後の命の印だ。底の方では元気だったが、ある程度上がってくるとほとんど抵抗しなくなる。水面に上がった時は、水圧の急激な変化により、胃の盲嚢部が反転し口からはみ出していた。その後、全く当たりはなくなり、寂莫とした世界に戻った。他のバンカでも同様のようで、ハマダイの群れが短時間漁場を通過しただけなのだろう。

午後六時十分、大きく黄金に輝く満月が水平線に現れ、まるで、

「宇宙に存在するのは私だけ、私一人を見つめて！」

と言わんばかりに、夜の太陽の如く煌煌と輝いている（口絵7）。眩しいくらいだ。周囲の世界を荘厳さで包み込む。私は言葉もなく、ただみとれていた。凛としつつ、こんなに大きく、明るい月を私は見たことがないし、これほど月が美しいと思ったこともない。まさに「ナンバリモジャ」（スワヒリ語でナンバーワンの意）。もしどんな雰囲気の中で死にたいかと問われれば、私は真っ先にこの時の状況を思い出すことだろう。

月光に照らされキラキラ輝くムーンロードを、東に向かいマイボボンの砂浜に帰り着いたのは七時だった。

漁獲されたハマダイは、三日に一度来島する仲買人に渡すまで、割られた氷入りの大きな発泡スチロール製の箱の中に、漬け物の様に保蔵される（図39）。その元となる大きな氷の塊は、日陰の粗末な小屋にあたかも「氷室」の様な状態で、籾殻を被せて保管される。電気はないけれど、智恵を出し工夫しながら、海と共に逞しく生きている。

ホマリッグ島からここカロンコアン島までの海域は、造礁サンゴの発達が顕著であることは先に述べた。もう一つ言っておいた方がよいと思うのは、アマモ帯の発達もかなりのものだという点だ。もしアイゴ科魚類稚魚クヨッグ漁業の維持開発を研究テーマとするソリマン教授が同行していたら、フィリピンにおけるいろいろな将来的な研究構想が立てられただろう。きっと唇を可愛く尖らせながら、興奮した目で、私にその構想を熱く語りかけていただろう。それを思うと残念だ。八幡が言う様に、新しい視点を得るには、身の丈以上十センチの勇気が要るのかもしれない。

図39　ハマダイの氷蔵

五月十八日、深夜に起き出し、三時、四時、五時とプト屋さんを訪問するも、今朝は休業でハズレ。サリサリショップの前にいると、見かけないおばさんがプトを売りに来た。マイボボンにはプトベーカリーが二店あり、もう一方のおばさんだ。プト八個と紫色の蒸し菓子八個、合計三十五ペソ。スプライト十五ペソ也。

日の出直前の薄暮の波打ち際で、三、四歳の男の子が雉子打ちスタイルでしゃがんでいる。いわゆる脱糞中！　別に珍しい光景ではないが、ただ彼のウンチの色と透明感に目が釘付けとなる。

子供の頃たまに風邪をひくと、家の近くの京都市左京区北白川別当町にあった滝本小児科医院に母に連れて行かれた。狭い待合室の壁の上方に、色々な便の模型が入った箱が吊ってあった。その中の便の一つに透明感のある薄緑色の便があり、子供心に不思議に思っていた。

何とその模型とよく似た便が眼前に転がっている。黄緑色のゼリーの様な透明感のあるウンチだ。何を食べたらこの様なゼリー様のウンチが出るのか？　思いつくのは、サギン（バナナ）だ。サギンばかり食べていたら、ひょっとしたら透明感のあるウンチが出ることがあるのかもしれない。それも大人ではなく、幼児であることが鍵なのかも。小児科医の先生に聞いてみたいものだ。

運天らは三時から漁師を待つも、現れなかったとのことで、ヤスを持って海に向かった。子供達とともに島の西海岸に出て魚を探したが、まともなサイズの魚は獲れなかった。ここもやはり魚影は薄いと言わざるを得ない。

夕食はハマダイの刺身。身が柔らかく、まともな包丁がないためきれいな刺し身ではなかったが、フィリピン入りして初めての生魚で大変美味しい。タロマさんはこわごわ刺し身を食べたが、子供達は顔を横に振り手をつけなかった。やはり生魚はフィリピン人にとっては、かなり高いハードルだ。熱帯のため、魚の鮮度を保つことが難しいので、生魚を食べる習慣がないのは当然のことだが。

五月十九日五時起床。夜間にスコールがあり、テントを干す。魚の干物を水に戻し油で揚げたものが朝食。こんな食べ方は初めてだが、かなり美味い。

45　ポリヨ島ボニファシオ

八時前に隣近所の人達も一緒に集合写真を撮り出発する。リーフエッジのサーフが半端じゃなく大きく、リーフから出る際にも驚異を感じたが、この状態が上陸時にあると思うと恐ろしい。果たしてこの辺りで黒潮は動いているのかを確かめようと、十キロ程沖に出てみるが、ほとんど流れは認められない。さらに沖で流れているのか、それともこの辺りではまだまだ深い所を動いているのか。

ポリヨ島の北海岸を西に向けて、海岸のリーフの切れ目を探しながら漕ぎ進み、午後一時にボニファシオに上陸する。ボニファシオは河口に発達した、小学校の児童数が約二百人、ソーラー発電家庭が約三百戸の大きな街だ。水牛が道の中央を、車輪のない荷物運搬用ソリをゆったりと曳いてゆく（図40）。ハイスクールもあり、その横ではマングローブの植樹も行われている。当然電気はあり、大きな電気冷蔵庫等の電化製品も多い。

ＢＣのアマさん宅でお世話になる。カヤックを河口から玄関先まで運び、庭にテントを張らせ

図40　ソリを曳く水牛

てもらう。飲料水は向かいにある中国系の人の家でもらう。これまで訪れた集落では、華僑は見かけなかったが、彼らが見られる様になったことは、マニラ経済圏に近づいたということなのだろう。町並みには立派な家も多く、少し離れたマイボボンとは大きな違いだ。

庭では、お手伝いさんの女の子が、ヒザラガイの貝殻と内臓を取り、筋肉部だけを天日干しにしていた。日本ではヒザラガイを食べる所は、喜界島の様な例外地は別として、余り見当たらない。どのようにして食べるのかと思っていたら、夕食に出てきた。ヒザラガイのミンチとタマネギをミックスし、ココナッツ味でまとめたもの。それと同時に、ビールのつまみにと、ヒザラガイを素揚げにしたものだ。まるでイカリングを小さくした形で、これも大変いける。ただ、この形になるまでに手間がかかり、その意味では贅沢な食べ物だ。

五月二十日六時起床。晴れ時々夕立。昨晩弱いスコールあり。八時から、アマさんに紹介されたロレックスさんとともに、三十分程走った沖のパヤオ（中層浮き魚礁）に、大型のバンカで連れて行ってもらう（図41）。周辺で曳き縄漁をするも全く当たりはなし。マイボボンでのハマダイ狙いと同じ漁も行ったがこれも坊主。そこで場所を沿岸部に移し、小さなニジハタやオジサン

図41　ボニィファシオの漁師

を十個体程釣り上げ、船上でご飯を炊きそれらを昼食とした。

ロレックスさんは四十歳。現在はバナナ、ココヤシ、コーヒー、米栽培の他、バンゴス（サバヒー）とマッドクラブ（マングローブガニ）養殖を経営する実業家で、資源管理型漁業に強い関心を持つ。フィリピンの海洋NGOであるバンダイダガットのメンバーでもある。これまで十五年間インドネシアで働き、帰国後カガヤンからインファンタまで材木を運んでいたが、運搬船が沈没し破産した経験を持つ。

彼の話では、ダイナマイト漁などの違法漁業は減ってきているが、国を良くするためには子供の教育が第一とのことだった。それに異論はないが、子供達が常に出会っている大人がしっかりしないと、次の世代もまともには育たない。

「パラダイムシフト」とか「価値観の転換」とか言うのは簡単だが、それを社会全体で行うことは大変難しい。現在の社会の方向性を決める立場の人達が、自分たちの目先の利権を中心にことを運び、次世代の利益という側面に智恵を働かさないためだ。彼等の想像力の欠如は余りに酷すぎる。

今回漁に連れて行ってもらった謝礼として、漁師二人に計千ペソ、ロレックスさんに五百ペソ支払う。ここでキロ七十ペソの魚をインファンタに運べば百二十ペソになる。マッドクラブはここで二百ペソ、インファンタでは四百ペソ、それがマニラに運ばれれば六百ペソとなる。ここまでくると、明らかにマニラの存在感が増し、空に広がる灰色の雲の様に、人の心を覆っている。

午後六時夕食。魚の甘酢あん掛け風、大変美味しい。食後、八幡と来年の遠征について少し話をする。八幡の話の内容は次の様なものだ。来年は三回の黒潮源流域遠征の中で、最も困難が予想される。その理由は黒潮本体が現れ、海況が不安定な海域であるためだ。と同時に、海岸線にシェラマドレ脊梁山脈が迫り、道がなく人もほとんど住まない地域だから。サーフが立ち上陸できる場所がなければ、延々と上陸できる場所があるまで、漕ぎ続ける覚悟が必要になる。それに対応するため、十二月に石垣でテストを実施し、それに合格しないと来年は陸上班にするとの案だ。特にサーフ対応技術と長距離対応能力が問題となる。午後八時就寝。

46　パヌクラン

五月二十一日五時起床。朝食はポークスパーム玉子とクヨッグの干物。六時四十分ボニファシオ発。ポリヨ島北西端にて、サーフの弱い所からリーフに入る。

ここでサーフの弱い所、と簡単に述べたが、熱帯サンゴ礁域でカヤックツアーを行うためには、それを見極められるかどうかが極めて重要な鍵となる。八幡にはそれが備わり、私にはそれがない。この技術がなければ、いくら漕ぐ技術が優れていても、無事に帰国することはできない

図42　パヌクランの町並み

だろう。

西に開く湾に入ると、今までとは異なる工場の様な大きな屋根や、三階建ての建物が並ぶパヌクランの町並みが見える。大きな街で、雰囲気がボニファシオとも全く異なり、離島の街ではなくて、道路が直接マニラへと繋がっているかの様な匂いがする（図42）。トライシクル（バイクを改造し、新たなシートを運転席の右側に設置して、四人程を一度に乗せられる乗り物）も走っている。

パヌクランの港には突堤があり、そこに大きな旅客用のバンカが繋がれていた。インファンタへの便だ。視線を足下の海面に移すと、そこには「ニモ」で知られるカクレクマノミと、ミツボシクロスズメダイの幼魚が、数尾から十数尾で群れている。両種とも本来はハタゴイソギンチャク類と共生関係にあるとされ、それから離れて群れているのを見るのは初めてだ。イソギンチャクから離れていたら、捕食者に食べられてしまうはずなのに、これはどうしたことだろう。ハタゴイソギンチャクの密度の割にカクレクマノミなどの個体数が多く、あぶれてしまっているのだろうか？　時間と労力を必要とする内容だが、研究テーマとして大変面白そうだ。

高知大学時代、学生からよく聞かれたことに、次の様な質問がある。

「先生、このようなテーマは、卒論になりますか、それとも博士論文でしょうか？」

「あんたね、卒論も博士論文も、テーマという意味では変わらないよ。これは卒論程度の面白さだとか、あれは博士論文程度の難しさだとか、そういったことはない。身の回りのありふれたことでも、博士論文にすることはいくらでもできる。あんたがそのテーマについてどれだけ面白がれるか、それにのめり込めるかが鍵。ただそれだけなのよ」

研究テーマを卒論レベルで止めるのか、それとも博士論文まで高められるかは、それに取り組む個人の熱意と能力による。

昼食は街の小さなキャンティーン（簡易食堂）で、チキンアドボ（鶏肉を野菜と甘辛く煮たもの）を食べる。昼食時間も過ぎていたので、ステンレスの蓋を開けたら、ほんの五、六の肉片と茄子が残っていただけだったが、ご飯とともに頂く。四人前で百七十二ペソ也。

この簡易食堂、フィリピンのある程度の街ならどこでも普通にみられる。暗い路地に入って行くと、こんな所にキャンティーンが、と驚いたことも多々ある。小さな間口に蓋のついた四角か円形のステンレス容器（鍋）を並べ、客が蓋を取り覗き込み、そこから好きなメニューを選ぶ。それを室内か野外で食べるというスタイルだ。日本でバイキング形式のパーティーなどで、中央のテーブルに並んでいるあの容器だ。小さなビニール袋に入れてもらい、持ち帰ることもできる。

このキャンティーン、これまでフィリピン大学ビサヤス校ミアガオキャンパスなどでも、毎日お世話になった。いつもそこで思うことは、フィリピン人が食べる副食（おかず）の量のつつましさだ。アメリカ人の食べるあの凄い量と比べると、その余りの差に愕然となる。敢えて効率論的にいうと、人がそれぞれ摂取カロリー量に比例して働いてもらうということなら、アメリカ人は日本人の二倍、フィリピン人の四倍は働いて当然と思う。

食後突堤のカヤックの所に戻ると、上陸時に話をした若者がおり、彼の父親を連れて来ていた。父親は市長とのことで、我々が貧乏な文なしの日本人、と言ったためか、港近くのパン屋さんの三階にある宿泊施設に、無料で泊めてもらえることとなった。一階がベーカリー、二階が家族スペース、三階に四部屋あり、その一室に我々四人。二段ベッドが三つあり、適当に寝るが、問題はクーラーがないことだ。外でテントなら、夜になるとそんなに暑さを感じずに寝られたが、部屋でクーラーがないのはきつい。扇風機を一台借してもらう。都市化され過ぎた街に上陸してしまったと後悔する。

運天の聞き取り調査を補助してもらうため、バンダイダガットのメンバー一人を紹介してもらう。四時に待ち合わせたが、五時半まで待っても現れない。そこで独自に聞き取りを始める。この辺りの漁師は、漁業による収入は五百ペソ程度の人もみられるが、漁業の他にも収入源がある人が多い。今回最初に訪れたカラグア諸島ティナガ島サンピタンとは、この点で大いに異なる。サンピタンでは二十人全員が漁業のみに従事していた。マニラに近づくにつれて、専業漁師の割合が低下する傾向がはっきりしてくる。

夕食を食べようと、昼食と同じキャンティーンに行くも、昼間と同じメニューがあるのみ。どうしようかと困っていると、向かいのサリサリショップにいた若者が話しかけてきた。自分の家に来れば、父親が料理上手なので何とかなるとのことなので、お願いすることとする。そこで夕食にお皿で出て来たのが、ハタの甘酢揚げ。それも一人一尾。今回の遠征で最高の料理で、不味いはずがない。食後ソリマン教授に電話すると、インファンタにはレナン君が迎えに来てくれるらしい。また、台風が発生し、ルソン島に向かっているとの情報も得る。

五月二十二日五時半起床。昨晩は無風の上に蒸し暑く寝苦しかったため、八幡は二段ベッドを離れ、室外のソファーで寝ていた。朝食は揚げ茄子とウメイロモドキ?のから揚げ。フィリピン料理によく出てくる、長めの茄子を縦に二分したものを揚げたものだが、私はこれが大好きだ。それにしても豪華な内容すぎる。

朝食後ゆっくりしていると、市長からの伝言を持った男性の訪問を受ける。彼の家に来ないかと誘われ、宿舎から徒歩五分程の家について行く。多くの木や花の植えられた、緑豊かないかにも熱帯の豊潤さに満ちた広い庭のある落ち着いた邸宅だ。大好きなブーゲンビリアも咲き乱れている。

外を行くアイスクリーム売りから五ペソで買い、それを食べながら庭で話をする。彼は五十一歳で、これまで三年間、サウジアラビアにあるスーパーマーケットで働いてきた。本当は日本で働くことが夢だったが、実現させることはできなかったと、少し寂しそうに話す。夢は儚く消えたかもしれないが、直径が四十センチ以上ある様な照葉樹が数本茂り、緑豊かで落ち着いた大きな邸宅に住めれば幸せではないか。この様な緑豊かな環境の家屋を東京で手に入れるとなると、何億円準備する必要があるのか?

話の途中で彼は中座し、家の裏から何かを手に持って戻って来た。粉ミルク缶大の容器の横に

図43　ミツバチの巣

穴が縦に開き、その周りに黒い小さな昆虫が付着している（図43）。蟻かな、と思って尋ねると、

「ミツバチです。これがその巣ですよ」

とのこと。こんなに小さなミツバチを見たことがないので驚いていると、小さなペットボトルに入った黄金色した蜂蜜も持って来てくれた。これをお土産に持って行けと言う。日本では手に入らない貴重な蜂蜜だったので、一瞬欲しいという気持ちになったが、蜂蜜は密封することが難しそうなので諦めた。ただ、後になってこの判断を後悔している。スーツケース内が蜂蜜だらけになったとしても、一度賞味してみたかった。何事もそうだが、一生に一度の、たまたまの出会いなのだから。

日本では胃腸が弱くすぐ下痢になる私が、何故か今回も下痢をせずに過ごしてきたのだが、先ほどのアイスクリームを食べた後、下痢になった。八幡の持論を思い出す。

「熱帯で生水に注意しなければならないのは、中途半端に都会化された田舎です」

まさにここパヌクランは、中途半端に都市化された田舎街だ。これからは生水を飲まずに、ミネラルウォーターを飲むことにする。

正午になったので昼食に出ようかとしていると、運天が大工だという酔っぱらいのお兄さんを連れてきた。そこで、運天はそのお兄さんと別に食べることとし、三人での昼食へ。野菜炒め、コバンアジ?とバラハタの甘酢和え。久しぶりの野菜に三人とも飛びつく。明朝パヌクランを発ち対岸のインファンタに向かうため、食事代金を払ったが、二千ペソ請求された。一日四人で五百ペソと伝えたつもりだったが、相手は一食と誤解した様だ。四食分で二千ペソ（約四千円）とかなりの出費になったが、日本であの豪華な料理を食べた場合の出費を考え、自分を納得させた。ごちそうを食べた後も下痢は続く。遂にやってしまったか、という不安が大きくなる。宿舎に一人帰り休む。運天は聞き取り調査から帰り、すぐにビデオケに出かける。若者は元気だ。

テレビからは、台風がミンダナオ島に近づきつつある、とのニュースが流れている。その関係でソリマン教授と連絡を取る。彼の意見では、台風がビコールに来る可能性はそんなに大きくないが、早めに動くべき、とのこと。彼の意見に従い、我々のインファンタからの撤収用ジプニーを、二十四日夕までにインファンタに着く様に手配してもらうことになる。

午後九時半に、共同通信解説委員の森保裕さんから電話がある。明日のインファンタ到着時に、八幡と私にインタビューをするために、わざわざ日本から取材に来られたとのこと。我々の黒潮源流域調査の内容が、全国の地方紙に掲載される。黒潮の影響を強く受けたこの日本列島に住む人々に、たまたまそこに生を受け、たまたまそこで成長し生活することになった運命を、少しでも「日本人に生まれて幸せ」と思ってもらえれば有り難いし、それに気付いてもらうきっかけ作りになれば嬉しい。

47　第二次遠征目的地インファンタ到着

五月二十三日五時起床。明け方に雨が少し降る。六時パヌクラン発。海は静かだ。弱い北風が吹くなか、ポリヨ島とルソン島の間の海峡を横断し、共同通信の森さんとカメラマンの村山幸親さんが待つホテルを目指す。しかし、遠くから目的のホテルを特定するのは大変難しい。インファンタの市街地から南西に長い砂州が発達し、その上にいくつかのフィリピン人客向けのリゾートホテルがある。その中の一つなのだが、陸上から見たイメージと、海から見える感覚の間には大きな差がある。赤い屋根のコテッジのホテル、ということを頭に入れて漕ぎ進む。

十一時十分、インファンタの目指すホテル前の浜に上陸。まずは八幡と握手する。気持ちのせいか、八幡の大きな手の握力が強い。今回の握手の感覚は前回のメルセデスでの握手とは違い、複雑な気持ちを含んだ中途半端なものではなく、八幡も気持ちをこめて握手してくれたものと信じたい。森さん、村山さんとも握手し、写真を撮った後カヤックから荷物などを降ろし、水洗後天日干しにする。

森さんからのインタビューよりも前に、八幡からの総括のインタビューを受ける。森さんからのインタビュー内容は、共同通信の記事として、二〇一一年八月三日前後の各地方紙に掲載された。

昨年の第一次黒潮源流域調査は、八幡の評価では失敗だった。遠征直後は私も失敗だったとの評価に同意していたが、少し経って考えてみると、必ずしも失敗ばかりではないのでは、と考え直している。確かに当初の目的を達成することはできなかったが、それはある意味では当たり前のこと。未知の場所を初めて訪問し、予定通りの結果が得られる方がおかしい。前回の反省を踏まえて、今回はＢＣへの挨拶はなくしたが、何の問題もなく調査ができた。運天も前回とは比較にならない程活発に動いたし、きっちりデータも取れた。これらは全て、前回の失敗を含めた全ての経験の蓄積の上に成り立つものだ。従って、長い目で見れば、昨年の遠征は一概に「失敗」とは位置付けられない。

この様に考えると、この世には単なる「失敗」は存在しないのではあるまいか。あることが期待通りにうまく行かなかったことを「失敗」と呼ぶのであれば、「失敗」はいたる所に転がっている。しかし、その「失敗」から、小さいことでも良いので何かを学ぶことができれば、それは最早「失敗」ではなくなり、「教訓・学び」へと変わる。

今回の調査で面白かったのは、意図して計画した訳ではないが、結果的に田舎から徐々にマニラの影響の強い地域へと移動したことだ。五集落で各集落二十人計百人に聞き取り調査を行った結果、漁業収入、専業漁師の比率、収入源の多様性などがきれいに変化した。最初の訪問地ティナガ島サンピタンでは収入源が漁業のみだが、マニラに近づくに連れて徐々に専業率は低下、収入源も多様化し、全体の収入も増加傾向を示した。ただ、家族を大切にしながら、幸せに生きている漁師の割合はやはりほぼ九割であり、前回調査時と変わらなかった。黒潮源流域では、月収二千円から五千円で、漁師は家族とともに、貧乏ながら幸せに生きている実像が浮かび上がる。

図44　市場

五月二十四日五時半起床。インファンタ漁港に行くが、ここも昨年のメルセデス漁港に似た感じだ。台風が近づいているためか、ほとんど水揚げはない。市場を訪問した際（図44）、村山さんがマニラの家族へのお土産にマングローブガニを購入。大サイズはキロ三百八十ペソ、小サイズは二百ペソ。沖縄のシークァーサーに似たカラマンシーが百ペソなのだが、その感覚でいくとマングローブガニを凄く安く感じてしまう。ある意味、大変贅沢な世界だ。

48　海遍路

午後二時から「海遍路」ミーティングを行う。海遍路とは昨年秋、石垣島で「ちゅらねしあ」の「野生児キャンプ」参加時に、昼食後の八幡との雑談から生まれた企画だ（図45）。山岡がお遍路の島四国をカヤックで一周し、行き当たりばったりで漁港を訪問しながら、海に生きる漁師から、海で生きる智恵や術を学ぶという内容だ。ここで得られた情報は、「海の国日本」が将来的に持続的社会を作っていく際に、きっとためになると考えられる。目的は黒潮源流域調査と同じで、自然とそこに生きる人々の繋がりを知るための「仕掛け」の一種だ。

本調査や海遍路ではまず、

図45　松山での海遍路

「何故、しんどい人力のシーカヤックなの？」

と言う質問が予想される。常々、八幡は自分の経験から

「何故か人力シーカヤックで訪問すると、村人はみんな親切にしてくれるんですよ」

と言っていたが、黒潮源流域のフィリピンでもそれを実感することができた。人力シーカヤックは、人と人を笑顔で繋いでくれる奇跡の乗り物だ。それでは黒潮下流域の日本ではどうなのか？　この点を問うものが「海遍路」と位置付ければ良いだろう。

フィリピンよりも日本の方が、ほぼ全ての面で効率化が進んでいる。特に経済効率万能の考え方は徹底されている。その様な価値観の世界で、時代遅れで、非効率の権化の様な人力手漕ぎの乗り物シーカヤックは、一体どの様に日本の漁師に受け取られるのだろうか？　この場合、シーカヤックはアウトドアを楽しむレジャーグッズではなく、海を移動する手段としてだが。

効率的にはこれ以上の無駄はない。世の中に、新たな価値観の風を吹き込む風穴を開けてくれるものとして、私はこの「手漕ぎ野郎」に期待したい。その意味で、黒潮源流域調査と海遍路は、経済効率万能社会をその根底から問い直すアンチテーゼであり、そういう社会が「無駄」だ

と切り捨てるか、置き去りにして来た価値観を見直す「運動」だと位置付けられる。その基本は「行き当たりばったり」のはずだ。

49　マニラの街

午後二時半、タバコからレナン君到着。遠路はるばるの旅、誠にご苦労様。カヤックの運搬費として一万二千五百ペソ也を渡す。三時四十分インファンタ発。ルソン島中部の太平洋岸から南シナ海側への移動に約四時間半かかり、台風の影響による大雨の夜、マニラに到着した。

五月二十五日六時半起床。昨晩の大雨は止み曇り空の朝だ。ホテル近くのロビンソンズというショッピングモールに買い物に行く。お土産にいつも買っているドライマンゴーは、ここで買うと一つ約百三十ペソだが、空港で買うと二倍以上する。旅の途中で欲しかった蜂蜜を購入するも、本当にあの小さな黒いミツバチのものだろうか、という疑問が残る。鮮魚コーナーに行くと、日本の売り場とは異なる独特の匂いに溢れている（図46）。この匂いは、フィリピンの都会のスーパーマーケット鮮魚コーナーに共通するように思え

図46　マニラのスーパーマーケット鮮魚売り場（運天撮影）

る。ここで鮮魚を買い家で刺し身にする、という気持ちにはならない。サワラとカツオがハクレンと並んで販売されているのも面白い。ティラピアやヒレナマズはキロ百三十ペソ、エビ類などは四百ペソ以上する。ザッと見た感じでは、インファンタの値段の倍近い値段で売られていた。

午後三時半から、村山さんに連れられて、マニラ北部にあるソボク地区のスラムに行く。我々だけで入ることは治安上無理なのだ。日本人には理解できないが、警察はスラムの中に入れないのだそうだ。

図47　マニラのスラム街にて

スラムの入り口で村山さんの知り合いのフィリピン人男性と待ち合わせ、彼の案内でスラム内に入る。昨晩の大雨でぬかるみが至る所にあり、狭い泥道を歩くのに苦労する。スラムというと暗いイメージを想像するが、ここに暮らす人々に暗さは感じられない。ふつうのフィリピンだ。市場では多くのものが売られ、他の地域と差がない様にも見えてしまう。くじ引き売りの少年が景品を担いでいるのだが、その景品の中に金魚や闘魚に交じって、エラブウナギ（海蛇の仲間）の小さな子供が含まれていたのが凄く印象に残った（図47）。さすがにここはマニラだ、日本では有り得ない。

ここの住民の中には、自分の腎臓を売る人もかなりいて、一個三十万円程度で売買されるそうだ。我々について来たガードマンも腎臓提供者だ。殺人請け負いの場合、フィリピン人一人の命は一万円、外国人は八万円也。

スラムを後にし、マニラの中心部に向かう途中、我々の乗った車が、財閥オーナー達が暮らすセレブ地区を通過した。この両地区のあまりの差に、一人頭の中で唸る。同乗の日本人は全員そう思っているだろう。

「うーん、この差、凄すぎひん！」

たまたま生まれ落ちた所の違いが、こんな大きな差になってしまう。生まれた時は全員が丸裸。全員が平等に同じ様な生活をしろ、は無理なのは百も承知だが、この落差の大きさには唸らざるを得ない。生まれ落ちる場所で、その人の一生が決まってしまうフィリピンの現実だ。日本も同じ様になりつつあるのだが。ただ、これは負け惜しみでもなんでもないが、開き直って、都市の大金持ちの家に生まれ、豪邸で子供の時から物に溢れて何不自由なく暮らすことが、ヒトが現世を生きるという意味で本当に幸せか、といえばそう単純なものでもなかろう。欲する物が全て手に入るという世界は、死を背中に背負いながら生きているという実感を伴わない、まるで足が地に着いていない、空気中に常にフワフワと浮いている様な感覚ではないか。

五月二十六日五時半起床。八幡らは別便で帰るため、六時四十分発。運天と私は十時前にチェックアウトしタクシーで空港へ。三百ペソ也。空港には韓国人のペアが多い。午後二時過ぎ、フィリピン航空498便で日本への帰路に着き、第二次黒潮源流域調査は終了した。

第四章　第三次遠征（地図3）

50　直前トラブル

高知大学の定年年齢は、国立大学法人になる前は六十三歳だった。法人化されてからは六十五歳となったが、法人化前に既に高知大学の教員であった者については六十三歳で一旦退職し、希望者はその後二年の延長が認められる。私は二〇一三年四月三日に六十三歳となるため、第三次黒潮源流域調査実施と同時の退職となる。

高知大学については、学長選挙開票時の得票すり替え疑惑問題があり、その事後処理の姿勢に、高等教育研究機関としての品を全く感じることが出来なかったため、定年延長は考えなかった。従って、私にとって高知大学教員として最後の一年となる。過去二回の遠征は五月に実施してきたが、近年夏場の五月にも台風が発生しており、それよりも早く実施した方が良いのでは、ということになり、新年度が始まるとほぼ同時の四月三日、日本発との計画を立てた。六十三歳

地図３

の誕生日の出発だ。

さて最後の年度のはじまりの日四月一日には、農学部国際支援学コース新入生対象の合宿が、在校生も交えて「国立室戸青少年自然の家」にて実施された。最後の年なので出発直前だが参加した。合宿では毎年学年対抗ソフトボール大会が行われるが、今回は出発直前でもあり、怪我をすると八幡他参加者に迷惑をかけるので、参加したい気持ちを抑えて教員チームから外してもらった。従って、靴も普通の革靴で見学していた。

試合が終わり、外野のノック練習が始まった。私は試合の場合、レフトを守ることが多かったので、それを見ていると身体がムズムズし始め、いてもたってもいられず、気がついた時にはレフトの位置に向かって走っていた。ノックをしてもらうと、十年間程ソフトボールから離れていたためか加齢のせいか、落下場所が予測できない。若い頃ならすぐに落下地点が読めたのに、ボールが予測よりも前に落ちてしまう。

その時がやって来た。新三年生の軟式野球部ピッチャーのノックしたボールは、やはり予測よりも前に落ちようとしていた。拙いと思い慌てて前に走り出したが、カジュアルな革靴の右足のゴム底の一枚が、地面との強い摩擦で接着部から剥がれた。そのため右足だけに不意にブレーキがかかり、不自然な形で右肩から地面に落ちてしまい、うまく受け身ができなかった。子供の頃からすばしっこさには少し自信があり、中学通学時、緩い坂道で車の側面に自転車がぶつかり前に飛ばされた際にも、自然に受け身ができて、運良く全く怪我はしなかった。

地面に落ちた瞬間に、

「えらいこっちゃ、打撲だけで済んだらええけど、骨折してたらどないしょ」

と思いながら動けなかった。

倒れたままの私をみて、数人の教員や学生が走り寄って来たようだった。頭の中はまだ真っ白で、何も見えていない。耳だけはしっかりと働いている。唸っているだけだ。

大丈夫かどうかを尋ねる声も聞こえたが、それよりも何よりも、耳元でのあの大きな笑い声。これ以上面白いことはない、と言わんばかりに腹を抱えて笑っている様に聞こえる。福岡県立八幡高校出身新三年生の女子学生だ。憎さや恨めしさは全くないが、この笑い声程記憶に残るものはない。余程無様なこけ方をしたのであろう。

私はその学生とは良く立ち話なども し、冗談も言い合える間柄だった。彼女は私がまさか骨折しているとは思わなかっただろうし、日頃見ているのとは異なる私の状況を目の当たりにし、それが単に面白かったのだろう。彼女は、あの状況で笑っても、日頃の我々の関係から、それを許してくれるはずだと、ある意味私を信じてくれているのだろう。

やっと地面から上体を起こし、右腕があがるかどうか試す。しかし、右腕は全く上がらない。

やはり骨折したかと思い、右鎖骨付近を触るが、鎖骨が折れて盛り上がっていることもない。ただ、右肩を動かすことができない。何か不具合が起こっていることは確かで、できるだけ早く整形外科に行く必要があるが、当日は日曜日でほとんどの病院は休みだ。そこで室戸から南国市岡豊にある高知大学医学部附属病院まで、同僚の田中壮太准教授（当時）の車にのせてもらって移動する。その間、八幡には状況を電話で説明し、もし私が参加できない場合でも、何とか第三次遠征は予定通り実施して欲しい旨伝えた。

附属病院の整形外科でレントゲン撮影をした所、右肩の骨格に異常はない、打撲だけでしょう、ということになり、少し安心して帰りかけていた所、看護師さんがもう一度レントゲン撮影をさせて欲しいと呼びに来られ再診。担当医の先生が説明されるには、鎖骨の遠位部（身体の中心線から遠い部分）を骨折した場合、正面だけからの撮影では、骨折を見逃すことがあるので、斜め下からの撮影をしたいとのこと。結果は遠位部のきれいな骨折で、全治六カ月也。

骨折では遠征は無理だ。八幡と相談したところ、私の行かない遠征には意味がないので、延期したらどうか、ということになった。八幡はじめ仲間の気持ちが嬉しい。今回は四人目として、フリーライターで八幡の友人の麻生弘毅が同行することとなっていた。

四月三日出発予定が、私の不注意による骨折により、四月一日に急遽キャンセル。本当に八幡はじめ、運天、麻生には迷惑をかけてしまった。申し訳ない。全治半年なので、延期するにしても秋以降になってしまう。卒論・修論の指導を考えると、それが終了する二月下旬以降しか選択肢はない。結局二〇一三年三月四日発、二十七日帰国、という退職前の忙しい時期に実施せざるを得ないという結論になった。

51　第三次遠征開始

二〇一三年三月四日、高知空港発十時半、羽田よりリムジンバスで曇り空の成田へ移動。午後五時半に運天と二人で、第二ターミナルよりフィリピン航空にてマニラへ。午後九時四十五分マニラ着。空港で十九万円を換金し七万九千ペソ余りとなる。レート（換金率）が悪い。イエローキャブで空港近くのオイスタープラザホテルへ移動。タクシー代二百ペソ也。

三月五日五時起床。六時にホテルを発ち第三ターミナルへ。タクシー代三百ペソ。レガスピ行きのエアーフィリピン（フィリピンエアーではない）では、手荷物が十キロを超えると、超過料金としてキロ当たり百五十ペソ取られる。帰路カヤックなど多くの手荷物が生じるため、エアーフィリピンが飛んでいるツゲガラオからマニラでは、最低一万ペソ程残しておく必要がある。

マニラ空港発が一時間遅れ、レガスピ着は十時四十五分。マニラ―レガスピ間はこれまでに何度も飛んだが、遠征前と遠征後では、同じ景色を見ても全く違って見えてしまう。それにしても、飛行機で飛ぶと一時間程の距離なのだが。カヤックの旅がどれほど「非効率」なのかを思い知らされる。

ソリマン教授が空港で待っていてくれ、正午にビコール大学タバコキャンパス到着。保管してもらっていたカヤック他の状況を確認後、街の中央の携帯ショップでノキア携帯を千ペソ弱で購入する。それに五百ペソ分チャージしたので、遠征終了まで持つことを期待する。ただ、これから訪問する場所で、携帯が通じる地点はほとんどない。

街では国会議員選挙が行われている。フィリピンの選挙は半年くらいの長期にわたるようで、その選挙に従事することにより生活の糧を得ている人も多いのだという。面白かったのはＡＫＢ18と言う標語があり、まさか日本のＡＫＢ48の一部がフィリピンで政界デビューか、と思ったが、フィリピンのＡＫＢは「Ako Bicol」という地域政党の略称だった。「私は故郷ビコールを愛するビコール人」という意味だそうだ。

三月六日五時半起床。午後二時に、明日タバコからマニラを経由し出発地のバレルまで、カヤック他の装備を運んでくれる運転手ジュンさんが到着。レナン君も同行してくれる。ジプニーに二艇を積み込み、輸送費の半分一万三千五百ペソを支払う。明日は朝の八時にタバコを発ち、十時間後にマニラ着の予定だ。そこで八幡と麻生を拾いバレルに向かう。

夕方、街の屋台で夕食を済ませ、バロットを買って帰り、こわごわ食べてみた。思ったよりも食べやすく美味しい。バロットとはアヒルのふ化前のほぼヒヨコの形をした胚胎を蒸した食べ物だ。

バロットとの出会いは、一九七九年に遡る。初めてタンガニーカ湖調査に行くため、パキスタン航空でマニラ、ドバイ経由でケニアのナイロビに向かう途中のこと。マニラ空港から、ドバイへ出稼ぎに行く多くの若いフィリピン人男性が搭乗して来て、その一人が私の隣に座った。座った途端に、彼は鞄から何かを取り出した。それは鶏の卵よりもほんの少し大きめの卵だった。殻を剥き始めたが、中から出て来たのは、既に羽毛の生えはじめた胚胎だった。彼はそれをうまそうに食べ、笑顔とともに、私にも一つどうだ、というジェスチャーを示した。一瞬迷ったが、ノーサンキューと手を横に振った。やはり一般の日本人は、鶏のゆで玉子から孵化直前のヒヨコが出て来たら、ビックリして慌てるのではないだろうか。

魚以外の脊椎動物で、肉片ではなくてそのままの形で食卓に出てくる料理は、日本には元来ないだろう。魚についても、活け造りでお頭を添えて出てくることがよくあるが、いくら新鮮だということを示すためであっても、個人的には好きではない。品のある食べ方だと思わない。顔はどの動物でもその個体の個性そのものであり、顔を見ることにより、その個体がこれまで生きてきた歴史を想像してしまう。

特に天然個体の場合はそうだ。数十万、数百万の卵から運良くその個体が食べられるサイズまで大きくなるには、どれだけの運の良さがあったことだろう。奇跡としか呼べない運の良さの結果、人間に漁獲される大きさに成長できたことになる。人はその運の良さの集積を、海の恵として頂きながら生きている。

52　出発地オーロラ県バレル

翌三月七日八時半、タバコ発。十時半にナガを通過し、午後八時半マニラ市南部のパラニャケで夕食の後、九時半第三ターミナルで八幡と麻生を拾い、十時半バン二台に分乗しオーロラ県バレル市に向かう。

翌日の午前四時過ぎに真っ暗なバレル着。フィリピンの見知らぬ街に深夜に到着すると、いつも何故か胸騒ぎがする。特にしとしとと雨の降る夜はそうだ。胸が軽く締め付けられる。

フィリピンの田舎街は、夜間は真っ暗で人影は見られず、あの太陽がギラギラ輝き、多くの人が行き交うにぎやかな昼間とは雰囲気が正反対だ。その昼夜のギャップが胸騒ぎの元なのか。このバレルだが、他の街と比較すると街路に落ちているゴミが少なく、緑の多い落ち着いた街で私は好きだ。ホテルの従業員も感じが良く、よく働くという印象を持った。

三月八日は朝から東風が強く、ホテル前の砂浜は大きな波に洗われている。BFARツゲガラオのアメさんから電話があり、ここ二日は天候不良なので、出発を延期したらどうかとのアドバイスをもらうが、明日は少し風が落ちそうなので、六時に出発することとなった。ホテル代は一室千二百ペソで、私は運天と同部屋となる。従って一人六百ペソ也。帰路につくレナン君に運搬費の残り一万三千五百ペソを渡す。タバコまでの帰路、休憩も入れて十八時間だそうだが、無事の旅を願う。彼らの協力なくして、この遠征は成り立たない。感謝、感謝、感謝!!!

正午頃徒歩でマーケットに買い物に行く(口絵8)。買う物は水、米十キロ、スパゲッティ、クラッカー(朝食用)、根菜類など。水は各自二リッターのペットボトル二本。ホテルに帰り、カヤックを組み立てると同時に、荷物が積めるかを確認した。九時就寝。

バレルからサンターナまでの間に、人の住める様な島はなく、従って今回訪問する場所は、全てルソン島東岸の集落となる。前二回の遠征と同様、行き当たりばったりの旅となった(地図

3)。

53　ディナジャワンへ

三月九日四時半起床。ホテル代と食事代計約三千二百ペソを支払う。東風は昨日より落ち着き、波も幾分穏やかだが、気持ちの晴れない曇り空であることに変わりはない。ホテルの宿泊客などが見守る中（図48）、六時半にまずは私と運天の艇が、砕波帯の大波に向かって漕ぎ出した。第一波を被った瞬間、前年タイへの学生実習旅行の際にバンコクで購入した、お気に入りのピンク色のキャップが、波に持っていかれ頭から消えた。前からの大波の場合、波に対してきっちり直角に突っ込んで行きさえすれば問題はない。ただ角度が少しでも狂うと、悲惨なことになるので十分にご注意を！

図48　バレル出発直前

沖で八幡・麻生艇を待ち、針路を北北東に取り、サンイルデフォンソ半島への足がかりとなる地点を目指す。サンイルデフォンソ半島とは、ルソン島北部東岸の地図を見たとき、最も目立つ南に伸びた細長い半島だ。個人的には子供の頃から、一体どのような所なのか、と胸をときめかせてきた場所である。

図49　ディナジャワンから南を望む

漕ぎ進む内、その半島の先端部が少しずつ姿を現してくるのを楽しみながら、午後二時過ぎにディナジャワンの美しい砂浜に上陸する（図49）。長い砂浜の北の部分にバンカが多く並んでいることから、漁業が盛んな集落だと判断した。ディナジャワンは人口三千程の街で、主な産業は漁業、炭焼き、道路工事等だ。

　やはりまずは子供達と大人数人が寄って来て、荷物満載の重たいカヤックを砂浜の奥に移動するのを手伝ってくれる。その中にギルバートさんという漁師がいた。四十二歳で六人の子供がおり、奥さんは小学校の先生。昼飯はまだだというと、浜の前にある立派な自宅に招待され、次から次へと豪華な昼食をごちそうになる。それにしても奥さんは良くしゃべる女性だった。

　ここには日本人男性が一人、一年程前から住んでいるとのこと。これまで訪問した場所で、日本に渡った経験のあるフィリピン人女性には多く出会ったが、日本人には一度も出会っていなかった。そこで彼の家を教えてもらい、話を聞かせてもらった。名前はNさんといい、宮崎県出身の六十六歳。日本での生活を全て捨て、今はここで一人年金生活をしている。以前は周りに他の日本人が住んでいたが、亡くなったりして現在は日本語を話す相手はいない。九十九歳の軍人の未亡人宅の一部屋を借用し、月一万ペソで食住の面倒を見てもらっている。ちなみにフィリピンの軍人遺族年金は月五千ペソ、新人教員給与八千ペソ、ベテラン教員三万ペソ、マカティのビジネスマン五万ペソ（当時）くらいとのこと。日本円に直すと二万円程で老後の面倒が見てもらえるのは有り難いが、寂しいだろうな、ということは十分に想像できる。

午後七時半就寝。夜間、寒さのために何度も目が覚める。テントにはフライを張っているがそれでも寒い。フィリピンのテント生活で、寒さを感じるのは初めての経験だ。カヤックから長袖長ズボンを取り出し、それを履いて寝直す。

五時半頃、Nさんに起こされる。漁船が多く帰ってくるが、ほとんど全ての漁獲物はイワシ類だ。朝食をラーメンですまし、九時半に八幡と運天は、ギルバートさんのバンカで沖への漁に同行する。山岡はここで聞き取りを行い、十三人に話を聞く。ここではタガログ語ではなく、イロカノ語を話す人も多い。沖で漁をする漁師は、沖に北への流れ（黒潮）があることを知っていたが、岸寄りで漁をする漁師は知らないことが多かった。海に北への流れがあることについては、第二次調査では全く聞かれなかったし、我々が沖まで漕いで行っても、流れは観察されなかった。彼らはこの海の流れを〝アゴス〟と呼んでいた。やはり、サンイルデフォンソ半島沖辺りから、黒潮が海面に顔を出し始めているのであろう。

午後五時半、八幡と運天が漁から帰りつく。浜から七キロ程沖で漁をし、グルクン（沖縄の居酒屋さんで唐揚げにしてよく食べられる）が多く獲れていた。午後八時就寝。

54　サンイルデフォンソ半島

三月十一日、早朝より雨のため、六時半に出発する。雨とともに東北からの風波が少しある海を漕ぎ進むと、だんだんと半島の南端が大きくなってくる（口絵9）。十一時頃遂に到着。先端部西側の岩陰にて小休止を取り、バナナとクラッカーで早めの昼食を済ませる。

サンイルデフォンソ岬の先端は、地層が岩肌に剥き出しになっており、三十度程西に傾いていることから、地学の専門家ならプレートのダイナミズムを研究するのにぴったりの場所ではないのか（図50）。高知県の足摺半島や横浪半島を彷彿とさせる。岬の東側にでた所でカヤックを止め海の動きを見てみたが、南へ一キロくらいで動いており、黒潮自体はこの岬にぶつかってはいない。

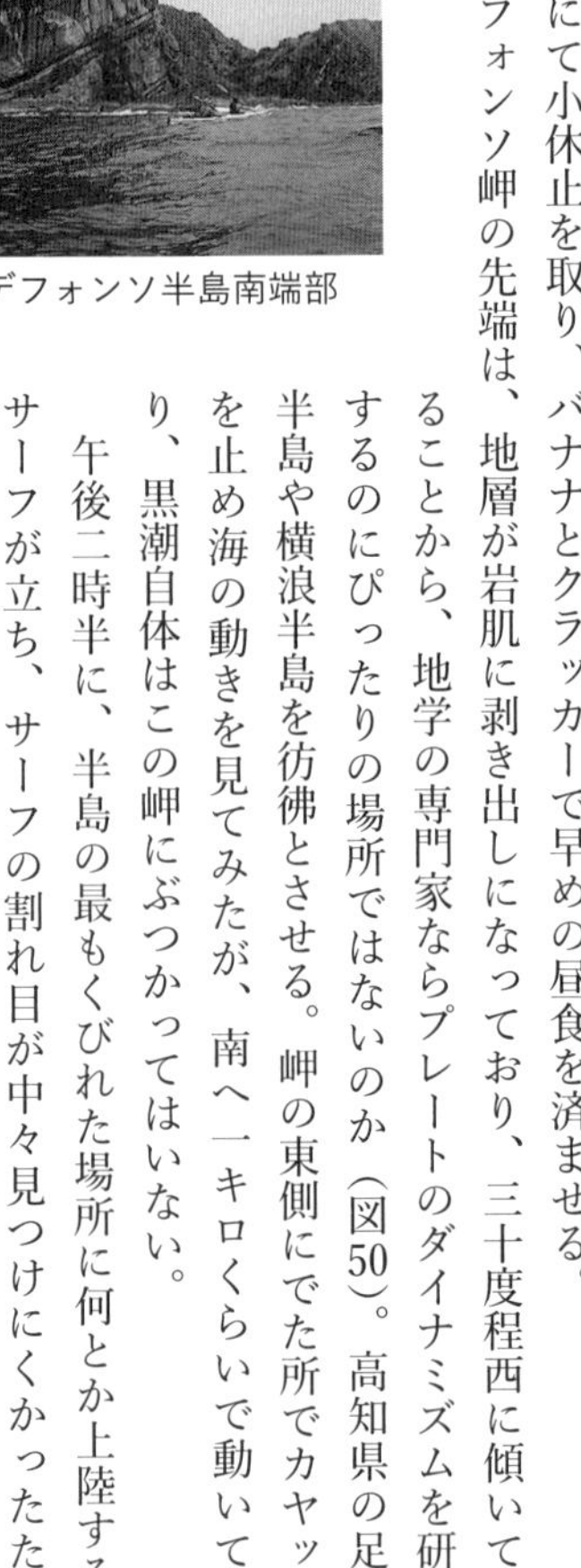

図50　サンイルデフォンソ半島南端部

午後二時半に、半島の最もくびれた場所に何とか上陸する。サーフが立ち、サーフの割れ目が中々見つけにくかったためだ。サーフが立つ場所はバンカも入ることができないので、周辺には漁村は発達しない。我々が上陸した海岸にはバンカの姿はなく、半島の西側、内湾のカシグラン湾に面した集落に、多くのバンカが繋がれていた。

ここで初めてフィリピンネイティブ（先住民）の人達に出会った。これまで見てきたフィリピンの人達とは明らかに違う。小柄で肌の色が黒く、顔つきも異なり眼が凹み、マニラでは全く出会わない人々だ。ルソン島の主に山中にひっそりと暮らし、一般のフィリピン人から少し差別されているのかな、という印象を受けた。ここからの訪問地では、彼らに出会うことも希ではなかった。

午後七時に就寝。夏なのに雨が多く、蚊も多い。周年北東方向から吹きつける湿気を含んだ貿易風がシェラマドレ山脈にぶつかり、積乱雲が生じ雨となるためだ。寒くて寝付けず、寝袋を枕以外で初めて使うこととなった。夜間の気温からも、これまでのルソンの地域とは異なり、かなり日本に近づいている気がする。

55　ディニョッグ

三月十二日六時三分の日の出とともに、村人の見送りを受けてサンイルデフォンソを出発。十二時半頃半島北端ディジョハン岬からカサプサパン湾を渡った北側にあるカシグラン地区のディニョッグという集落に到達する。こんもりとした樹木に覆われた落ち着いた街だ。海岸に青色の屋根の瀟洒な二階建ての建物があり、その前の砂浜に上陸する（図51）。そこはリゾートホテルだった。ちょうど昨日ディナジャワンで会ったバレル市長一行が、選挙キャンペーンで訪れるとのことで、管理人の好意で彼らの昼食に紛れ込ませてもらい、ごちそうを頂けることとなった。

図52　はにかむ少女　図51　ディニョッグの浜

焼いたカワハギの仲間、野生の海ぶどう、シダの若芽等。マサラップ！　市長は小柄で上品な七十歳の男性だが、どことなく女性っぽさが感じられる方だった。八年間市長を務め、兄弟姉妹は知事、国会議員等の政治家一家のようだ。五年以内にカシグランに国際空港をつくり、この周辺を国際的なリゾートにするアイデアを聞かせてもらった。

出発前に、高知大学の同僚であった大谷和弘さんから、一枚の薬草の写真を渡されていた。シマニシキソウという薬草の効用を、現地で調べてほしいという依頼だ。その写真をこちらで見せると、タガログ語ではタワタワ、イロカノ語ではガタスと呼ぶと教えられる。利尿作用等の他に、デング熱にかかった際に、土瓶で煎じて飲むという。道で出会った女の子二人（図52）に頼み、生えている所に案内してもらう。道端の生け垣の下の、芝生に生えた雑草に交じって簡単に見つけられる。このシマニシキソウは、私が現在通う開聞岳山麓の唐芋畑で、元気に育っている雑草の一つでもあった。

夕食前に八幡から話があり、

「ツアーを含めて、海にでる場合には、常に最悪の場合を想定し段取りをしておいてください」

このフレーズを、これまで何度聞かされたことだろう。

夕食もまたホテルでお世話になる。カツオのぶつ切りフライ、サザエに似た巻き貝、豚肉と野菜や豆を煮込んだもの。夕食後はカラオケ大会となり、いつもの様に日付が変わってからも「爆音」が轟いていた。

56　イサベラ県南端の街ディグマセッド

三月十三日、六時半ディニョッグ発。天気晴朗な中、北に伸びる穏やかで優しい半島の北端、タリグティッグ岬を左に見ながら北進し、イサベラ県ディナピゲ地区ディグマセッドの長い砂浜に十時十五分に到着する。この海岸にはサンゴ礁が発達せず、サーフも立たず上陸は容易だった。この浜に沿った形で簡単な滑走路があるが、定期便があるわけではなさそうだ。砂浜から南を見ると、遠くに我々が通ってきた南北に突き出た二つの半島が霞んでいる（図53）。

図53　ディグマセッドから南を望む

この集落はイサベラ県南端の街で、南のオーロラ県との県境に位置し、マニラから通じるバスの終点でもある。この先は陸路では行けない。まさにどん詰まりの街だ。街路は南北に走る碁盤の目状に整備されている。上陸地点の砂浜で遊んでいた中学生（図54）から、街の名前や市長（メーヤー）の家などの一般情報を聞きとり、市長宅に連れて行ってもらう。

市長は出張中で留守だったが、市長夫人に歓迎され、飲食の接待を受ける。さらには、昼食と夕食も食べに来なさい、ということになる。

昼過ぎに市長宅を訪問すると、夫人ではなくその友人の小学校の教頭先生がおられた。彼女は明るくよくしゃべる女性だった。グアポ（いけめん）の運天をいたく気に入り、川で獲れた

図54　男子中学生

雌カニやバナナの料理を頂きながら、話が弾んだ。話の中で、市長のゲストハウスがあるので、宿泊にはそれを使ったら良い、ということとなり、食後は荷物を持ってそのゲストハウスに移動する。

ゲストハウスは滑走路の横に立つ、小さな小屋の様な家であった。我々は客人であり、客人に何かあってはいけないと、警官をガードに付けてくれた。その結果、漁師のヒアリングをする場合にも、警察の車で移動という、本来の旅の姿とは似ても似つかない、ヘンテコリンなものとなった。

ガードの警官と話していて面白いことがあった。我々が日本人だと言うと、八幡以外の三人は

納得してもらえた。しかし、八幡は日本人ではなくアメリカ人だと、警官達は主張した。確かに八幡の顔は日本人としては少し彫りが深く、英語をペラペラ話しておれば、十分アメリカ人で通るだろう。しかし、八幡本人はそれが大変心外のようで、全く日本人にしか見えないと言い張っていた。八幡のこんなところが、私には大変面白く思えた。

七名の漁師に対するヒアリングから、沖に漁に出る漁師は、沖に北に流れる海流の存在を認識し、それに対する呼称として、〝アゴス〟の他に〝シリッグ〟という単語があることが分かった。このことから、ここは「黒潮一丁目一番地」かも知れないと思い、農業局（ＤＡ DEPARTMENT OF AGRICULTURE）の所長さんに無理を言って通訳をお願いし、漁師宅を戸別訪問させてもらう。

ここより北にあるパラナン湾の沖には、ＢＦＡＲによりパヤオと呼ばれる浮き魚礁が設置され、それを利用しているとのこと。パヤオは元々フィリピンの漁法で、それが沖縄や南西日本に入って来たと考えられる。まさに黒潮のど真ん中に設置してこその漁法だ。大海原に底から浮きを綱で繋ぎ、そこにヤシの葉等で作られたものを結びつけ、小魚が集まるように陰を作る。その小魚を狙って集まるマグロ類、カツオ、サワラ等をその周辺で釣り上げるのだ。

パラナン沖まで行くには、その距離からエンジン付きのバンカが必要になる。それでも数時間かかり、パヤオの周辺で漁ができるのは一時間のみだそうだ。往復で四ガロンの燃油が必要となり、燃油代が一ガロン二百十二ペソ。従って往復するだけで八百ペソ以上かかる計算になる。一時間の漁で、釣れる時には二百キロ釣れることもあり、そんな月には一万ペソ以上稼げる。さすがに黒潮の真ん中にパヤオを設置すると、それなりの漁獲が見込める。しかし、これはエンジンを買う余裕のある漁師の話であり、零細漁民はその限りにあらず。

夕食前にミーティングがあり、明日の予定について話し合った。パラナン湾までの距離が六十キロ程ある上に、その間絶壁が続き適当なエスケープルートが見当たらない。フィリピンで購入した道路地図や旅行地図の中には、この間海岸に道路があり、その途中にディナピゲという集落がある、と表示されたものも複数ある。しかし、実際にはそんな道路は全く見当たらない。ディナピゲとはこの周辺の地域全体の呼称の様だ。それほど、フィリピンの中でも情報の少ない、軽視された地域なのだ。そういう場所を漕ぐわけなので、上陸可能地点が見当たらない場合は、暗くなってもパラナンまで漕ぎ続けることとなった。

57　黒潮との出会い

三月十四日、早朝五時に市長宅で朝食をごちそうになり、六時前にディグマセッドの砂浜から出発を試みる。ただ、波打ち際のサーフゾーンが短く、大きく波がそこで崩れているため、通常の砂浜からの出岸方法が難しい。そこで八幡が教示したのが次の方法だ。

まず、コックピットにスプレースカートを装着した形で、無人のカヤックを砕波帯の沖側の、波の崩れていない海面に運び、そこで乗り込むというものだ。この時には、出発前に「八幡式再乗艇法」を練習しておいて良かったと思った。こんな形で、薄暗いディグマセッドの海岸を出ることとなった。

出発後しばらくすると、異様な光景が飛び込んで来た。ダンプや大きな重機が海岸から後背地の土地を削っており、黄土色の地肌が広範囲に渡って露出していた（口絵10）。海岸にはＳＥＢＵ号と書かれた赤茶けた難破船が座礁している。この船を助けるというのではなく、もっと違った目的の工事だ。こんな道路のないような辺鄙な場所で、重機のエンジンがうなりを上げているのは、まさに静かな京都大原三千院の緑豊かな苔の庭で、ラップミュージックを大音量で聞いている様な違和感だった。

図55　黒潮出現地点付近の海岸風景

ここは今回の遠征で、最もエスケープルートの見当たらない所だ。出発前にグーグル衛星地図で見ると、海岸には山が迫り、大きな木の生えていないガレ場の様にみえる場所だったが、その予想は当たっていた。急傾斜のガレ場か岩の絶壁で、幾つもの細い滝が海岸の岩場に落ちている（図55）。

単調な海岸線に沿い、真北へと漕ぎ進む。速度を測ると時速五キロ。遅めなので、少し北からの流れがあるのかもしれない。十時頃沖側を見ると、南北方向に一本の白い潮目が延びている。近づくと、潮目の沖側と岸側の海面の様子が違う。沖側の海面は細かな波でザワザワしているではないか。そこで潮目の沖側に移動し漕いでみた（表紙）。後の運天に声をかけてみる。

「速度やけど、どないな感じ？」

「十キロです」

遂に現れた、黒潮が！　疲れが吹き飛び、ワクワク度マックス！　潮目の岸側では、黒潮の流れの反流が起こり、北から南に向けて一キロ程で流れ、時速六キロで普通に漕いで速度が五キロになっているに違いない。即ち、ここでは黒潮は時速四キロで動いていることになる。前方の水平線を見ると、潮目の付近で沖側の海面が少し盛り上がっている様にも見える。黒潮とその外側の海水では水温に差があり、水温の高い黒潮の容積が大きくなり、その様な現象が起こると、どこかで読んだ気がするが、水温の高いこの辺りでもそのようなことが起こるのだろうか？

この時こそ、我が人生初の、黒潮を自分の眼で認識し、同時に実感した瞬間だった。

これまで、周りにいた海洋環境関係の研究者から、

「黒潮の重要性を皆さんは強調するけれど、本物の黒潮を見たことがあるのですか？　自分は海洋観測時等の際にいつも見ているけどね！」

と自慢げに言われたことが何度もある。確かに土佐湾沖に設置された人工漁礁「黒潮牧場」には何度も行ったことがあり、黒潮の流れの中に入ったことはある。しかし、黒潮との境界を認識し、ここからが黒潮だ、という実感を得たことはなかった。ただ、上記の自慢げに語る研究者も、大学の調査船で黒潮流域に入り、ＴＤＳ（環境要素の観測装置）や流速計で海洋環境を観測し、数値データから自分たちの船が黒潮の流れの中にいることを認識したに過ぎない。まさにこ

れが黒潮そのもの、と実感したわけではなく、データとしての黒潮を知っているだけなのだ。黒潮のど真ん中に大きな調査船で入り、周りが黒潮ばかりの状態で、黒潮自体を視認し実感することは常人には不可能だ。

私はこれまでマスコミ関係者から何度か、黒潮の写真を見せてほしいとか、黒潮のテレビ番組を作成したいのだが、といった類の相談を受けたことがあった。しかし当時、私はこれが黒潮だ、という映像を見たことがなかったため、写真にも撮れない様な対象をテレビ番組にするのは無理、と対応してきた。しかし、人材も資金もあるＮＨＫならば、この辺りでの長期取材が可能だろうし、ここからバタネス諸島、台湾、八重山、沖縄、奄美を経て日本本土までの、黒潮をめぐる自然と、そこに生きる人々の関係に焦点を当てた、ドキュメンタリーシリーズ番組が制作できるだろう。是非挑戦して頂きたい。

58　ディダドンガン

黒潮に乗って時速十キロで漕いでいると、頭の中では、このまま北上し、バブヤン諸島、バタネス諸島を経て、簡単に八重山諸島に到達してしまう。それほどスイスイと漕ぎ進み、パラナン湾手前のディダドンガンという小さな集落に午後二時頃上陸した（図56）。人口二百から三百程の小さな集落で、パラナンのバランガイ（最小行政区）の一つだ。

浜辺近くのバスケットボールコートには壊れかけたゴールがあり、若者達がプレーを楽しんでいる。この光景は、フィリピンのどんな田舎でも普通に見られるものだ。これまでの経験から、バスケットボールコートの状態が、その集落の物質的豊かさを測るバロメーターになっており、立派なコートを有する集落は家屋も立派なものが多い。従って、ここディダドンガンは貧しい集落だと推測できる。バスケットボールの他には、ビリヤードくらいが庶民の楽しみなのだろう。村民は親切で、キャベツのスープをごちそうになった。

図56　ディダドンガンの子供達

朝は晴れていたが、夕方から曇り出し、夜になると雨が降り始めた。冷たい雨だ。明日は雨の中をパラナンに向かうことになるのだろうか。パラナンは今回の行程の中間に当たる。雨の朝はきらいだ。それを思うだけで気持ちが憂鬱になる。七時就寝。

59　パラナンへ

夜間に雨は激しく降り、夜明けまで続いた。六時半頃少し小降りになったのを機に、パラナン川河口に発達する集落を目指して出発する。雨中を北に漕ぎ進み、雨にかすみ波が白く砕けるパラナン岬沖を通過し、パラナン湾に入る。岸に近づくにつれて海水が茶色く濁る。ナビゲーションは私に任されており、八幡は後から付いてくるのみで、何のアドバイスもない。北東からの大きなうねりに押されながら、茶色に濁る海面を進むが、岸から一キロくらいの所にサーフが立ち、容易に岸に近づけない。無理をしてチンすれば、サンゴ礁に叩き付けられタダでは済まないし、最悪のケースも大いにあり得る。行ったり来たりしながらサーフの切れ目を探し、サーフの立たない場所を求めて西に移動して行くと、海水が茶色から緑色に徐々に変化していく。その時、八幡が近づいてきて一言。

「先生、何がしたいのですか？」

「河口を探してます」

「海水の色を見て下さい。どんどん黄土色が薄くなっています。その意味を考えてください」

そこで私は我に返った。一体何を見ていたのだろう。サーフのことばかりに目を取られ、他の変化を全く見ていなかったことに気付いた。海水の色がどんどん緑色になるということは、河口から離れて行くということを意味する。広く周りを見回すと、遥か東方に小さなバンカが消えて行くのが見える。バンカが入れるということは、そこには大きなサーフが発達しにくく、その奥に河口があることに繋がる。分からなくなったら、原点に戻って全体を冷静にみることだ。それと、事前にグーグル地図等を頭に入れることにより、場所に関して先入観を持ちすぎると、それに囚われて現実が見えなくなる可能性がある。この点にも注意が必要だ。要は現場で臨機応変に考えられる力が重要なのであろう。

この失敗は私に強いインパクトを与えた。大学の研究室では、学生に対して、

「潜水調査では、まず死なないことが大切。そのためには現場の自然状況を的確に把握する必要がある。十分に注意する様に！」

と言ってきた。しかし、潜水調査ではないが、実際の現場ではこの様。何も周りを見ていなかった。

何とか河口東岸の集落に上陸し、周りの情報を集める。この集落は大変小さく、漁師が多く住む集落は河口から川をもう少し遡った所にあるようだ。そこで、漁師の集落まで漕ぎ上がり、水産学校近くの泥場に上陸する。クラシと呼ばれる集落だ。治安の問題から、カヤックをそこに置いておけないので、住民の皆さんに協力してもらい、近くの家の庭まで運び上げる。宿泊は水産学校のゲストハウスを使わせてもらえることになり、ベッドで寝られそうだ。

農業事務所のカイメ所長宅で、夕食をおよばれすることになる。水浴びもさせて頂き、甘辛く炊いたオニテナガエビと、焼いた輪切りのカツオをごちそうになる。特にオニテナガエビが美味しく、私がドンドン手を伸ばすので、八幡はあきれ顔の片隅にかすかな笑みを浮かべ、私を見ていた。市場で買うと、オニテナガエビはキロ百八十ペソだそうだ。一人二百五十グラム食べるとしても百円程。羨ましい！

カイメ所長の話では、パラナンから陸路でメインランド（彼らはシェラマドレ山脈の西側の地域をこう呼び、東側の沿岸地域と区別している）に出ることはできない。市販の地図の多くでは、道がついているので注意する必要がある。船以外では片道二千百ペソを支払い、小型飛行機でツゲガラオに飛ぶ以外に手段はない。また、東寄りの湿気を含んだ貿易風が山脈に当たり、雨がよく降ることから、農業もメインランドとは異なるそうだ。確かに、これまでルソン島の東南部から沿岸を見て来たが、パラナン川程大きな川にはお目にかからなかった。乾期であるにもかかわらず、その水量は豊富だ。

三月十六日も朝から雨模様。所長宅で昨晩の夕食の残りで朝食を頂く。その後、地域の重鎮に挨拶を済ませ、十人の漁師から聞き取りを行う（口絵11）。

昼食後、エンジン付きのバンカに乗り、一時間程川を遡り、パラナンの中心市街地（セントロイースト）に買い物に行く。副市長宅でコーヒー、コーラ、ビスケットをごちそうになり、その後市場に向かい、百八十ペソのヘッドランプを三個、雨対策に合羽二百五十ペソ、ベーカリーで焼きたての熱々激安パン四十個五十四ペソ等を購入。安い！　しかし、メーカー製クッキー等地域外から入ってくる食品の値段は高く、日持ちする行動食購入費用は七百ペソにもなった。やはり、輸送費用等を考慮すると高価になるのだろう。それに対して、地元で生産したものの安さは半端ではない。こういう所に暮らしていると、お金が少しあれば何とか生きて行けそうな気になる。

図57　長距離用大型バンカ

午後四時半頃にセントロを発ち、三十分程でクラシに戻る。我々が上陸した近くには、大型のバンカが停泊していた（図

57)。パラナンから沿岸を北上し、ルソン島東北端の街サンターナに向かう定期船だ。ここパラナンは既に南のバレル経済圏ではなく、北のサンターナ・アパリ経済圏に属している。今回の旅も後半に突入したことを実感させられる。

カイメ所長宅の近くの広場で、大勢のおばさん達が集団エアロビクス体操を、大音量の音楽に合わせてやっていた。夕食は焼き飯とカツオ。八時就寝。

三月十七日、昨日購入した激安パンで朝食を済ませる。さすがに激安パンだけあって、焼きたてはうまいが、時間の経過とともに急激にうまさは霧散し、古い小麦粉の臭いが鼻につきはじめる。

60　ビコビアン

七時に、ぬかるみで泥だらけになりながらクラシ発。マコナコンまでは距離があるため、今日は無理をせずにパラナン湾北西部にある集落を目指す。距離は十五キロ弱で、晴天で海も静かであり、十時にビコビアンに上陸する。ビコビアンは人口三百程の漁村で、街の中央にきれいな小川の流れる落ち着いた集落だ。東には内湾を隔てて南にのびる半島南端のアウバレデ岬が望める。

BCの家に挨拶に行くと、すぐ横の小学校でちょうど終業式?らしき式典をやっており、私と運天が何故か壇上に座らされ、挨拶をするはめになってしまった（図58）。

図58　小学校への道

校長先生はやはり女性だ。これまでにフィリピンで小学校、中学校を何度も訪問する機会があったが、校長先生はほとんど女性だった。何故女性なのかについて、フィリピン人の友人に尋ねたことがあった。

「学校の先生の給料が安いので、優秀な男性はビジネスマンを目指す。その結果、校長先生も含めて学校の教員に女性が多くなる」

この答えの真偽の程は明らかではないが、ある程度納得できる。結婚した女性にとって、学校の先生をやりながら子育てができる家族環境が、まだまだフィリピンでは維持されている。家庭では、おじいちゃん、おばあちゃんが、可愛い孫達の世話をかいがいしくしている姿を、容易に想像できる。生活で最も大切なものは家族、と答えるフィリピン社会がそこにある。

漁師に話を聞く時間を十分に取るため、食事係を探したがなかなか見つからない。そこで、二十三歳と二十五歳の二人の漁師に、二百五十ペソずつ払ってお願いする。まず昼食を作ってもらったのだが、芯のあるご飯と、ゴマアイゴの塩味の効きすぎた煮付けが出たきた。うまくないが、仕方があるまい。

十名の漁師に聞き取りを行った。全員沖にある海の流れを知っており、その呼び方はアゴスの方がシリッグよりも一般的だった。三十八歳の一人の漁師以外は、流れに乗ってしまうと帰れなくなるので、沖には出ないという解答だった。

浜辺の広場の北側に大きな家がある。バビーと呼ばれる三十代後半?の漁師の家だ。大きな真空管式テレビ受像機があり、電気も電波もない所で何のため、と思ったが、DVD上映のためのものだった。その他に古い大きなカラオケセットもあった。この家族は、バビーさんの父親を中心に、漁師の他に魚の仲買いをやっており、ビコビアンでは最も裕福な家だと思われる。母屋の裏には、ビリヤード専用の広い小屋がある他、その横には大きな発電機を設置するための建物まであった。なるほど、自家発電できるのであれば、テレビ受像機他の電化製品の意味も理解できる。

夕食はここでごちそうになる。大好きなオニテナガエビとダツの唐揚げをたらふく頂く。夕食が終わる頃には老若男女が沢山集まり、DVD鑑賞会が始まる。昭和三十年代初頭の日本を思い出させる雰囲気だ。鑑賞会が終わると、音量をマックスにしたカラオケ大会へと移行する。その頃には我々はテントの中で夢の箱舟に乗ることになるのだが、時々遠雷の様にカラオケの歌声が脳内を駆け巡っていた。

61　マコナコンへ

三月十八日五時起床。塩味のきつい目玉焼きモドキとご飯で朝食を済ませ、六時四十五分にビコビアンを発つ。朝日に向かって漕ぎ始め、アウバレデ岬をかすめて北に針路をとる。半島の中央付近で流れを測ると、北へ時速一・五キロで動いている。しかし、黒潮主流の流れを感じられるほどではない。

半島北端のエスタグノ岬を通過し、ゲイ島をすぎた辺りでディビリカン湾に入る。眼前には千五百メートル級のシエラマドレ脊梁山脈の山並みが、青空を背景に緑の壁の様に南北に連なる（口絵12）。海は静かで風も弱く、久しぶりに周りの景色を楽しみながら、ゆったりと漕ぎ進む。

十二時半マコナコンの砂浜に上陸。ＢＦＡＲ第2地区本部のマコナコン支所駐在員であるボンさんが迎えてくれた（図59）。マコナコンはイサベラ県北部の中心的な街で、その人口は四千程。砂浜には突堤の様な人工構造物もあり、港として整備されようとしている。パラナンと同じく、山越えの道も海岸沿いの道もない陸の孤島だ（図60）。

図59　ボンさんと共に

市場が開かれる中央広場横の小さな食堂で昼食を済ませ、ボンさんに連れられて市役所と警察署に挨拶に行く。どちらも立派な二階建ての建物だ。市役所では、副市長はじめ何人かに、これから向かうマコナコン北方の海に関する情報を求めたが、有用な情報はなかった。これは無理のない話で、マコナコンの北方はすぐにカガヤン県との県境となり、彼らの守備範囲ではなくなるためだ。ただボンさんだけは仕事柄、海の状況に関し

図60　山が迫るマコナコンの浜

ては詳しい。彼からの助言では、これから目的地サンターナまでの海路で、注意を必要とするのはボロスポイントからで、特に岸近くの小島アプラガン島の周辺は、波と流れが複雑になるとのこと。

宿泊は市役所のゲストハウスに泊めてもらうこととなり、シャワーを浴び洗濯ができた。その夜は雨が降り、蒸し暑く寝苦しい。八幡は外でテント泊。正解だったかもしれない。一泊二百ペソ也。

ボンさんは小柄な好男子で、五十歳にしては若くみえる。水産資源管理という仕事柄、多くの漁師と友人であり、その関係で夕方から数軒の漁師のお宅を訪問し、ヒアリングをさせてもらう。どの家も立派なつくりで、その生活は今回の遠征で訪れたどの集落の漁師よりも豊かに見える。沖を流れる黒潮（アゴス）を怖がらない漁師が多い。エンジン付きのバンカを所有する漁師が多いためであろう。経済価値の高い魚が獲れた際には、飛行機でツゲガラオに運ぶとのことであった。午後八時半就寝。

62 カガヤン県バレーコーブへ

三月十九日五時起床。朝食をスパゲッティで済ませ、ボンさん他に見送られて七時マコナコン発。天気晴朗この上なし。これから八十キロ北にあるボロスポイントという集落に向かうが、一気に向かうには距離がありすぎるので、まずは途中民家のありそうな砂浜を目指す。

マコナコン出発から四時間半漕ぎ続け、バテ気味となる。ちょうど休憩に良さそうな四角い入り江があったので、ごろた石の北の浜に上陸し、バナナとココナッツを割って喉を潤す。

ここに日本人で上陸したのは我々が最初の様な気がして、その記念にとお土産用の小石を拾う。ここからもう少し漕ぐ必要があり、八幡とペアを組むこととなる。

「先生、ピッチをもっと落として良いですよ」

この鬼軍曹、心根は大変優しい。後方から聞こえるリズミカルな、

「ジュボッ！、ジュボッ！、ジュボッ！」

元気をくれる響きだ。

午後三時、バレーコーブの砂浜南端に上陸。実質漕行時間八時間、漕行距離五十二キロ。後背の山脈から流れ出した小さな清流が上陸地に流れ込み、その小さな河口の砂州上にテントを張る。東に向かって左側が海、右が川という位置関係だ（図61）。

上陸直後から数人の村人が集まって来る。目につく家屋は数軒しかなく、集落は散在している

図61　バレーコーブのキャンプ地

のだろう。キリスト教の教会もあるそうだ。先住民の村人も見られる。BCはここから少し離れた集落に住んでいるとのことで、そこまで子供に案内してもらう。南へ歩くこと二十分。BCによると、このバランガイは人口約八百と少ないが、その面積は全国一広いとのこと。確かに小さな集落が海岸近くにへばりついている以外は山また山であり、さもありなんと思う。

夕闇が迫るころ、一人の若者がヘッドランプを付けて現れた。何のためのものかと尋ねると、ウナギの子供を採るためのものだとのこと。以前フィリピン大学ビサヤス校水産学部の関係者と話した際に、ルソン島北部東岸の川には沢山のウナギ類の稚魚（クロコ）がみられ、川底がそのクロコで黒くなると聞いた記憶が蘇る。

夕食にと、BCの息子のビスマルク君が、鶏のスープを持って来てくれる。ありがたく頂き、午後七時半就寝。

63　ボロスポイントへ

三月二十日五時起床。今日も晴れ。オニオンスープとクラッカーで朝食を済ませ、六時四十五分にバレーコーブの砂浜を出発する。今日もペアは八幡だ。目的地はルソン島東北端に突き出た、角の様な半島の付け根にあるボロスポイント。残り三十五キロ程の距離だ。

後方に八幡の気持ちのいいパドリング音を聞きながら、四時間程真北に向かって漕ぎ続ける。すると遥か遠くに、小さな青い点々が見えはじめた。海岸にある青い物体で脳裏に浮かぶのが、高知県仁淀川河口域の冬の風景だ。

私は四十代から五十代にかけての七年間、仁淀川河口西側に位置する、土佐市宇佐町井尻の高知大学海洋生物教育研究センターに車で通っていた。通勤路には、仁淀川に架かる仁淀川河口大橋があった。冬になるとシラスウナギ漁が始まり、河口周辺には仮眠休憩を取るための、ブルーシートで作られた簡易テントが多く出現した。県外からの観光客が、観光バスの車窓からその光景に接し、

「あら、高知ではホームレスの人達は、市街ではなく海岸で暮らすのね」

と漏らしたとか。確かにそうみることもできる。

「まさかフィリピンでも、仁淀川河口と同じことがやられてんのとちゃうやろな?」

と頭の中で半ば否定しつつ、しかし、昨晩のヘッドランプ男の出現もあるし……。

近づくに連れて、その青く小さな点が、徐々に具体的な姿を現した。まさにブルーシートのテントそのものだ（図62）。ボロスポイントには二つの川の河口があるが（口絵13）、西側の河口域にあるテント群だった。四国の高知県とルソン島東北部カガヤン県、その間直線距離で二千キロ程離れているが、目的が同じで、手元にあるその目的を達成するために使える材料が同じなら、

図62　シラスウナギ漁用ブルーシート小屋

ヒトの頭の中から出てくる「解決案」にそれほど違いはないことが分かる。

正午ボロスポイント着。東側の河口から川に入り、砂州の内側に上陸する（口絵14）。シェラマドレ山脈北部の山間から流れ出た川により形成された扇状地の様だ。個人的には身近に豊かな水があり、その背後に深い緑の山並みが望めると、何となく日本的な雰囲気を感じ、気持ちが落ち着く。この感覚は私個人の問題ではなく、豊かな水と深い緑に恵まれた日本列島に生まれ育った日本人の多くに共通なのかもしれない。

上陸地点のそばに小さな東屋があり、その周辺にテントを張ることとする。この集落は世帯数が百程で、ＢＣは北に離れたサンターナ市に住んでいる。大型バンカの連絡船で四時間の旅だそうだ。それを聞くと、我々のシーカヤックの旅も、最終段階を迎えているということを自覚させられる。

シラスウナギ漁についても聞いてみた。ここでは盛んに漁が行われ、中国と台湾のバイヤーが買い上げていき、日本人バイヤーは来ない。獲れる種類はニホンウナギではなく、大部分がオオウナギらしい。しかしその価格は、キロ約四万ペソ。現金収入源の乏しいこのような遠隔地では、びっくりする様な金額だ。まさにゴールドラッシュならぬ、シラスウナギラッシュ状態なのだろう。

このサイズのシラスウナギのフィリピン国外への移動は、法律で禁じられているそうだが、何らかのルートで中国や台湾に持ち出されている。そこで養殖され、ニホンウナギと同様の小さなサイズで頭を落として蒲焼きにされたら、その蒲焼きがオオウナギとは分からないだろう。

ここには二泊の予定なので、食事担当を雇うことにする。周りに集まって来た村人の中の、真面目そうな一人の男性に声をかけると、すぐに引き受けてくれた。ラスティーさん、三十四歳。謝金は五食分で千ペソ。漁師ではなく農夫で、豚や水牛も飼っているそうだ。テント周辺のゴミを拾うことからまずは仕事をはじめるあたり、こちらの目に狂いはなさそうだ。

昼食にバナナをほおばり集落に向かう。海岸に平行に道が伸び、道の両側に木々に包まれた家屋が並ぶ。緑のトンネル状態のその道の中央を、背中に若者を乗せた水牛が、主役は俺だ、と言わんばかりに、ノッシノッシと荷車を曳いて行く。時間の流れがまさにゆったりとした、この上なくのんびりした佇まいの緑溢れる集落だ。私はこの雰囲気が気に入った。どこでもみられることだが、木陰の道では子供達が石けりやゴムとびに興じている。

ボロスポイントは農業を中心とした集落の様で、漁師はあまり多くなさそうだ。ヒアリングを終えてテントサイトに戻ると、八幡が話しかけてきた。

「そろそろ我々の旅も最終段階を迎えました。今まで大きな事故もなくきましたが、なぜうまくここまで来られたかを、分析をしないといけません。先生、何となく、ではだめですよ。失敗した時には、人はその原因を探ることに熱心ですが、成功した時にはそうでもないと感じます。

成功した時こそ、成功に至る道を振り返らないと、真の進歩は得られません」

さすがに鬼軍曹、私の考え方の癖を見抜いている。私はこの曖昧であやふやな「何となく」という言葉が大好きなのだ。「何となく」と「たまたま」に全ての価値を置く、といっても言い過ぎではない程。何となく、という言葉はまさに抽象そのものであり、その個人の総合的な価値観や、美意識の深部を表すように思える。寺田寅彦も言っている様に、「何となく」は最高の褒め言葉にもなる。そこを分析して要素に分解してしまうと、大切なものがばらばらにされてしまうように感じる。

八幡の言うことはよく理解できる。私風に今回の旅を総括すると、次のようになるのか。

「たまたま出張で石垣島に行き、たまたまその日の八重山毎日新聞をホテルの朝食時に読み、たまたま八幡の記事に目がとまり、その「たまたま」の集大成として八幡という人間に出会ったことが全て」

これを読んだ八幡の反応が想像できる。笑いながら大声で次のように言うことだろう。

「先生、これじゃ答えにも何にもなってませんよ！」

「いやいや、ちゃんとなってるやん、八幡はん」

私は才能に恵まれた人間ではない。しかし、人を見る目はあると自惚れている。それは父親譲りかもしれない。父亮一は農業経済学、特にヨーロッパの小農（小作人）制度の歴史や、戦後の農地解放について、地味な研究をした学者で、自身を自慢する様なことはほとんど耳にしたことがない。しかし、人をみる目については、京都大学周辺では一目置かれていたようだ。

「山岡はんがあの人のことをそう言わはんのやったら、そういう人なんやろな」

京都弁ならこんな感じか。要は父の人に対する評価を、周りの人は信用したということだ。出会った最初のカヤッカーがたまたま八幡だったから、私は黒潮源流域シーカヤック調査実施を思い立ったのであって、八幡以外のカヤッカーでは、そんな無謀と思える様な企画を実施しなかったことだけは確か。逆に、八幡だからこそ私の無謀な、予算もない計画に乗ったともいえそうだ。他のシーカヤッカーなら、この様な企画は色々な意味で、確実に実施できなかっただろう。カヤッカーとしての価値観、真の実力、資金面、人間の内面等々、彼の立場からも私の立場からも、両方から成り立たない話なのだ。私も適当な人間だが、自分が信用できない人に自分の命を預ける様な愚は犯さない。今回の遠征でも、自分の人をみる目に狂いはなかったと思う。

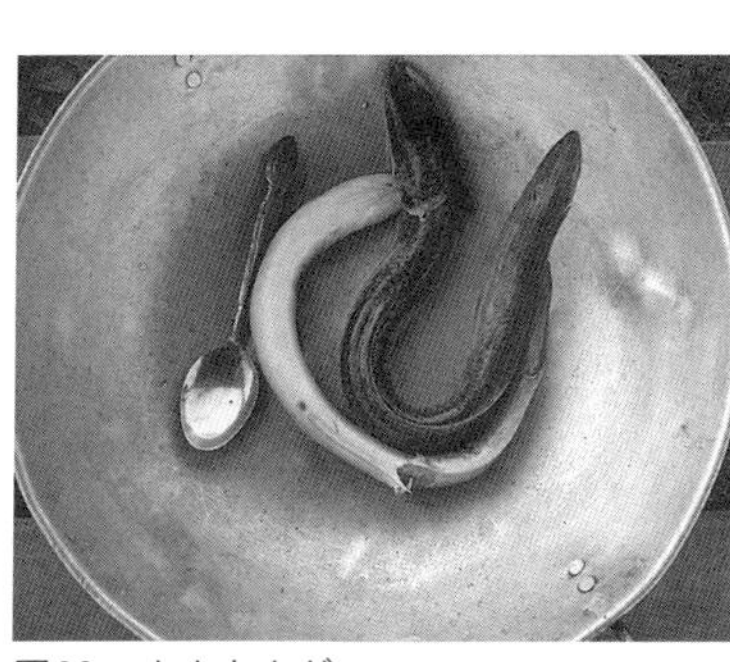
図63　オオウナギ

明後日二十二日には、ペアを元に戻し私と運天で漕ぐこと、さらにまずは東に針路をとり沖に出て、マコナコンでボンさんが忠告してくれた荒れやすい島等の岸寄りを避け、黒潮に乗るべく進む、という方向が八幡から示された。午後七時就寝。

三月二十一日六時起床。今日もよい天気だ。朝食はオオウナギのスープと油多めの卵焼きモドキ。オオウナギは全長四十センチ程の小型の個体で（図63）、皮も柔らかく美味しく頂けた。

最近では、日本への輸入ウナギの中にオオウナギが少し含まれるというデータもあり、今後さらに多くなっていくのではないか。

昼食は鶏肉と野菜のスープ。食後集落で聞き取りを行うが、やはり漁師はほとんど見当たらない。先住民の小柄な男性は、銛で魚を獲ることはあるが、収入源は竹細工に用いる材料の生産とのこと。庭先には直径三センチ程の、皮の剥かれた肉厚で細めの竹が多量に天日干しされていた。ここボロスポイントは平地が広く、川も流れ込んでいるため、農業を営むことができる。そのため、敢えて収入が不安定で、危険を伴う漁業を生業とする漁師が少ないのではなかろうか。

暑いので河口域でシュノーケリングをしてみる。水浴びする水牛を横目にみながら水中に入ると、火照ったからだが冷やされて気持ちがいい。見かける魚種はハゼ類とギンユゴイのみで、魚類相は至って単純だ。夕方には仕掛けられていた刺し網が静かに揚げられた（口絵15）。

今後の予定を八幡とつめる。明日、ボロスポイントを発ち、サンターナとの中間地点辺りに上陸し一泊。二十三日にサンターナ到着予定とする。その計画をツゲガラオのアメさんに、八幡の衛星電話により伝える。

64　パスマカナン

三月二十二日四時起床。今日は朝から曇天で、今にも雨が降り出しそうな天気だ。朝食は塩の効きすぎた野菜炒めとミナミイスズミ?の素揚げで済まし、ラスティさんに千二百ペソを渡す。

契約分以外の二百ペソは頑張ってくれたお礼だ。

六時東側の河口横の砂浜から運天とのペアで出発する。黄色のホエールウォッチャーはシートが小さめで、私のお尻のサイズに合い、腰の疲れが酷くないように感じる。予定では、まず東に進み沖に出るつもりだったが、海が荒れていなかったので比較的岸寄りを漕ぎ進む。時速約七キロ。マコナコンでボンさんから注意するようにいわれたアプラガン島（マホンホン島？）周辺の海も静かで、リーフエッジで大きな波が崩れることを除いて問題はない。正午頃に広いリーフの切れ目を見つけ、そこから岸へと進むと、パスマカナンという小さな集落があった。十二時半上陸。

図64　パスマカナンの集会場

パスマカナンも集落の南端に河口を持つ、川により形成された扇状地上にできた小さな集落で、平地では米が作られていた。その意味でボロスポイントと良く似ている。

砂浜には、大きな塊となったアマモ類が多量に打ち上げられている。このことは、リーフ内の砂地に大きなアマモ場が発達することを示す。

砂浜から集落に向かうと、広場の入り口に当たる場所に、海岸に向いてアナハウというヤシの葉でふかれた屋根をもつ細長い東屋がある。そこにかなり多くの村人がたむろし、止まり木に腰掛けて雑談をしていた（図64）。ここカガヤン県北部は言語地図的にはイロカノ語圏なのだが、ボロスポイントまではタガログ語で何とかなってきた。しかしここパスマカナンはイロカノ語の世界だ。

イロカノ語が基本なので、タガログ語と英語を理解できる人が必要となる。東屋付近に集まっていた村人の中に、英語の話せるノエミさんという女性がおり、彼女のお宅で昼食をごちそうになる。

昼食はイスズミの仲間の、二枚に開いた真っ黒な薫製を油で揚げたもの。最初は肉を探して食べ始めたが、食べる肉がほとんどなく、どのようにして食べるのか不思議に思いながら、ほとんど残すかたちで食べ終えた。

食後は東屋に集まる若者中心に、ヒアリングを行う。パスマカナンで目立つのは、月収千ペソに届かず、六百ペソと答える若い漁師が複数人みられる点だ。確かに浜に置かれているバンカにしても、数が少ない上にエンジン付きのものが目立たない。カガヤン県東北部の中心地サンターナまで二十五キロ程の位置にありながら、この質素さは一体なぜなのか。

理由の一つとして、やはりすぐ沖を北へ流れる黒潮の存在があるのかもしれない。エンジンを積んだバンカなら漁業で稼げるが、エンジンなしではラグーン内でしか漁業はできない。即ち自家消費分は獲れても、商品にはならず稼げない。二つ目は、ここもボロスポイントと同じく、海岸と山との間に扇状地が広がり、そこで米作りが行われており、生きていくのに最低限の食糧が調達可能なこと。

日本人からみれば、金銭的には確かに極貧そのものだ。しかし、外界から食物を取り生きていく動物の一種であるホモ・サピエンスとしては、八幡の座右の銘「潜れる海があれば死なない」を越えた、と言うか、生きていくためだけには理想郷ともいえる。

夕食も昼食と同じイスズミ類の薫製だ。昼食後思ったのだが、肉のみを食べるのであればほとんど可食部はないため、他の食べ方があるのではと。そこで夕食時には、真っ黒な魚の煎餅ということで、ぱりぱりと骨も含めて煎餅のようにかじってみた。この食べ方が正解で、美味しく頂くことができた。日本でこのような魚の食べ方を見聞きしたことはないが、雑魚を使ったおやつや、お酒の当て等として面白いのではないか。

後一晩寝れば、ルソン島東北端の最終目的地サンターナだ。精神的に大変苦しかった三回の黒潮源流域遠征も、これで終了となる。個人的には一息ホッ！としたいところだ。しかし、午後五時からのミーティングで八幡の口から出る言葉は、全くそれを許さない。最後の最後まで気を緩めることはできない、という彼の責任感をひしひしと感じる。午後七時就寝。

65　最終目的地サンターナへ

三月二十三日土曜日。五時起床。最終日は天気晴朗。気持ちが本当にいい。塩の効いた目玉焼き、トマト他の野菜、クラッカーで朝食を済ませ、六時半、村人に見送られてパスマカナン発。

今日が最後と思うと、パドルの運びも軽快そのものだ。途中、八幡が我々を動画に撮りたいという。こんなことは初めてだ。天候や海の状況から、今日も無事に漕げると彼なりに判断しての

図65　バタネス諸島バタン島ウユガンから南のサブタン島を望む

ことだろう。

その時の映像を見ると、パドルを運ぶピッチのなんと速いことか！　ウキウキした心模様丸出しで、恥ずかしいくらいだ。後を漕ぐ運天が、

「なにもそんなに張り切らなくてもいいのに！」

と笑っているようにさえ思える。それ程私の気持ちは開放感で満たされていた。

快調に二時間程漕ぎ進むと、前方にサンターナのすぐ向かいにあるパラウイ島、さらにその右奥にうっすらとバブヤン諸島のカミギン島が望まれる。

この瞬間、頭の中にルソン島から八重山諸島に至る地図が浮かんだ。八幡はこのとき既に単独で、ルソン島北部からバブヤン諸島、バタネス諸島（図65）を経て、台湾経由で与那国島、さらに日本本土に至っていた。その際特に苦労したのが、台湾の花蓮―与那国間だと聞いたことがある。確かにこの間百十キロ、ちょうど地球経度一度の距離だが、ここを時速七キロ前後の黒潮が南から北に向け流れるため、花蓮から東に位置する与那国に向かうためには、カヤックの舳先をほぼ南に向けて漕がないと黒潮に流されて尖閣諸島方面に至ってしまう。従って八幡にとっては大した距離ではなかったが、大いに苦労したらしい。

遥かに霞むカミギン島を眺めながら思った。ここからならバブヤン諸島、バタネス諸島経由で、黒潮にうまく乗れば、八幡のように苦労しなくても、自然に八重山に至れるのではないかと。バタネス諸島の中心バタン島（口絵16）から八重山諸島まで約四百キロ。単純計算すれば、黒潮に乗り時速十キロで漕ぎ続けられれば四十時間で到着だ。サンターナからなら、島伝いに四日で八重山諸島に至ることになる。

八幡がノンストップで漕ぎ続けた最長の場所は、宮古島から久米島間二百二十キロだ。この間、島はない。この時は海況が悪く、彼は時間的には五十六時間を要した。そのときの経験を基に、八幡は普通の人でも無理をすれば三十六時間は漕ぎ続けることができる、という持論を持っている。ちなみに、この三十六時間を上記四十時間に当てはめると、普通の人でも、一旦黒潮に乗ってしまえば、生きて八重山諸島まで到達してしまう、ここはそういう島々に近い地点なのだ。

これを人類史学的にみると、ルソン島北部東岸域から黒潮に乗ってしまい、北へと流された人達も多くいたであろうことが推測できる。その中のある者は、生きて八重山に漂着した可能性が十分あるということを示す。

ここ数年、国立科学博物館の研究者を中心に、日本人の来た道・南方ルート探索が盛んに行われている。台湾から原日本人の一部がやって来たとする仮説を実証するため、台湾東岸から与那国に至るために、色々と試行錯誤している。これまでの二回の失敗を踏まえ、二〇一九年に台東付近から黒潮を斜めに北上し、与那国島に無事到達したと、ＮＨＫを筆頭に日本のマスコミは大騒ぎだ。

私としては、彼らが原日本人の出発候補地の中に、なぜルソン島を含めないのか、不思議で仕方がない。ルソン島東岸域でよく見かける、小柄で肌の色の黒い先住民の人達の顔つきは、まさに石垣島の白保から発掘された人骨より復元されたそれにそっくりだ。さらに、二〇一九年成功時に用いたのは丸木舟だが、ルソン島東岸では全く珍しい物ではない。今後は、ルソン島から海路八重山へと渡った経験者を巻き込み、またルソン島の先住民と石垣島の白保人との遺伝子レベルでの類似性等を比較検討し、無理のない仮説の検証を願う。

サンターナに近づくに連れて、白い砂浜の海岸にヤシが美しく植えられ、白いコテージが等間隔で並ぶリゾートが見えるようになる。さらに近づくと、浅い所ではキリンサイの養殖が盛んに行われていた。

パスマカナン出発から四時間、十時半に最終目的地サンターナのサンビンセンテ港パラウイ島行き渡し船乗り場内側の砂浜に到着する。

まさにカヤックの底が浜の砂に接しようとした時、舳先の前の波打ち際に白いやせ犬が急に現れ、背中を丸めて脱糞を始めた。その時は一瞬慌てたが、これこそ自然の摂理が犬の脱糞という形で、偶然に、我々の最終目的地への無事の到着を祝福してくれたのではあるまいか。まさに「犬も歩けば棒に当たる」を具現化した旅の終わりに、ぴったりの光景だった。

犬のホカ便を踏まないように注意しながら上陸。握手、握手、握手！　この瞬間、八幡の表情からも、責任を無事果たしたということか、かすかな笑みを含む安堵感を、明らかに読み取ることができた（口絵17）。

ＢＦＡＲツゲガラオから、アメさんの部下のマイケル君が、我々を支援するために来てくれていた。上陸の後、道を隔てて芝生の広がる沿岸警備隊の基地にカヤック等装備を運び、そこでカヤックの解体やテント等の装備を乾かす。さらにシャワーを使わせてもらう。そうこうする内にアメさんが到着。カヤック等をトラックに積み、街のレストランで昼食を済ませ、午後二時にサンタターナに別れを告げた。

ツゲガラオに向かう途中、左の車窓から望むシェラマドレ脊梁山脈が、午後の陽光を浴びて深緑に輝いている。昨日まで、あの山並みの向こうに広がる紺碧の黒潮の中をカヤックで渡っていたことが、まるで夢の中の他人事のように思われた。

66　第三次遠征のまとめ

第三次調査では、六集落で五十六名の漁師に対して聴き取り調査を実施した。人生で最重要なものとして家族を挙げたのは五十名（八九パーセント）、現状で幸せと答えたのは五十五名（九八パーセント）となった。第一回（調査人数八十九名）、第二回（百名）の調査結果と割合はほぼ同じである。すなわち、陸の孤島で外界と隔離された地域でも、低所得でありながら家族を大切にし、黒潮をうまく利用したり恐れたりしながら、つつましくも日々幸せを感じながら暮らしているフィリピン人漁師の姿があぶり出される。

この様に、フィリピンで海に生きる人々の幸せ感を論じる際には、家族を抜きにして考えることはできない。自身の幸せよりもまず家族の幸せが重要であり、それほど両者は密接な関係にある。翻って日本はどうであろうか。運天からの情報によると、今回と同じシーカヤックで訪れた石垣島と宮古島の十六名の漁師に対する聴き取りでは、最も大切なものは家族と答えた割合は一二パーセントにとどまる。

漁師だけでなく、日本全域で家族関係が希薄な時代を迎えているのは明らかである。戦後、日本の高度経済成長は家族関係にも大きな影響を及ぼし、核家族が現在では普通となった。少子高齢化社会等、多くの問題点が明らかになりつつある現在、日本人の家族関係、ひいては、人と人の繋がり自体今のままで良いのか、真剣に見つめ直さなければならない。

あとがき

第一回、二回目と最後の第三回目とは、同じルソン島であるにもかかわらず、全く異なる地域だと実感できたことも、今後に繋がる大きな成果だ。三回とも同じ夏季に調査を実施したが、夜間に冷気を感じたのは第三回目のみ。その他、海岸から後背地の山に繋がる景観、水の豊かさ等から、私は第三回目で初めて、八重山地方とルソン島をイメージとして重ね合わせることができた。第一回、第二回では全く感じなかった不思議な感覚だ。ルソン島東北部は、私の頭の中では、バブヤン諸島、バタネス諸島、八重山諸島、沖縄島、奄美諸島、トカラ列島、種子・屋久を介して、九州薩摩半島南端の開聞岳までを繋げる起点なのだ。

黒潮と漁師との直接的関係は、パラナン沖辺りから生じることが明らかとなった。それ以南の地域では、海と人との関係は、他の熱帯域と共通する部分が多いと考えられる。高知大学がもし「黒潮圏科学」の創成に本気で取り組むのであれば、黒潮が表舞台に躍り出るイサベラ県北部のパラナンかマコナコン辺りに、もう一つの調査基地を置く必要があろう。

それにしても、八幡にはよくも三度の遠征につき合ってもらえたものだ。彼の頭の中には常に不満が充満し、普通の人なら爆発していたに違いない。私が八幡の立場なら、後ろ向きの言葉を吐かずにはおられなかったことだろう。私も七十年程の人生だが、その間多くの優れた人々との出会いがあった。八幡はその中で総合的にみて傑出した人物だ。ことに際しての覚悟、勇気、優しさ、冷静さ、意思力、想像力、決断力、思考力、責任感、先見性、洞察力、忍耐力、持続力、バランス感覚、第六感等々、全てにおいて私など足元にも及ばない。黒潮源流域調査で八幡と時間を共有したが、彼との時間そのものは苦しさの連続だった。しかしそれは同時に、私の人生の宝物となった。その一部でも皆様と共有できればと願い、この本に纏めた次第です。若い方には、貴重な出会いを大切に生きて頂きたい。じっとしていても出会いはありません。外に出て「犬も歩けば棒に当たる」を実践してみよう。

最後までお読み頂き、誠に有り難うございました。

三回の遠征に同行頂いた「ちゅらねしあ」代表八幡暁氏と「サンウェーブカヤックス」代表運天陵氏、および本遠征を開始する勇気を頂いた聖護院八ッ橋総本店社長鈴鹿且久氏、また実施に際しご支援とご理解を頂いた国立大学法人高知大学の教職員の皆様に対し、心より御礼申し上げます。ご協力頂いた三井物産環境基金、ビコール大学、フィリピン共和国水産海洋資源局第二地区本部、WATER FIELD KAYAKS、（株）アライテントに謝意を表します。聞き取り調査にご協力頂いた、黒潮源流域に生きる漁師他の方々に深謝いたします。

※ビコール大学のソリマン（Victor S. Soliman）教授が二〇二〇年十一月二日、病気のため亡くなられました。衷心よりご冥福をお祈りいたします。ソリマン教授のご支援なくしては、本遠

征は不可能でした。ありがとうございました。

■著者プロフィール

山岡耕作（やまおか・こうさく）

1949年、京都市生れ。高知大学名誉教授。鹿児島大学水産学部卒。京都大学大学院時代に、東アフリカ・タンガニーカ湖に固有なカワスズメ科魚類藻類食者の多種共存機構の解明に取り組み、食性ではなく摂食行動の多様性の重要性を指摘した。高知大学農学部に就職後は、潜水調査によりマダイやチダイの稚魚期におけるなわばりを発見し、両種の共存機構および新たな人工種苗放流技術開発のための生態学的知見の蓄積に貢献した。

【主要著書】

「タンガニーカ湖の魚たち　多様性の謎を探る」共著、平凡社（1993）
「いのちのふるさと海と生きる」共著、花乱社（2017）
「Fish Communities in Lake Tanganyika」共著、京都大学学術出版会（1997）
「Cichlid Fishes：Behaviour、ecology and evolution」共著、CHAPMAN & HALL（1991）

黒潮源流シーカヤック遍路旅
―八幡暁、かくのたまふ―

二〇二一年二月二十日　第一刷発行

著　者　山岡耕作
発行者　向原祥隆
発行所　株式会社　南方新社
〒八九二―〇八七三　鹿児島市下田町二九二―一
電話　〇九九―二四八―五四五五
振替口座　〇二〇七〇―三―二七九二九
URL　http://www.nanpou.com/
e-mail　info@nanpou.com

印刷・製本　株式会社イースト朝日
定価はカバーに表示しています
乱丁・落丁はお取り替えします
ISBN978-4-86124-440-7　C0026